公务员培训参考用书　总主编◎周文彰

主编◎ 艾思同　李荣菊　张芹玲　池志勇

政府文化管理

国家行政学院出版社

图书在版编目（CIP）数据

政府文化管理/艾思同等主编．—北京：国家行政学院出版社，2017.7
ISBN 978-7-5150-1984-0

Ⅰ.①政… Ⅱ.①艾… Ⅲ.①国家行政机关-文化管理 Ⅳ.①D035.1

中国版本图书馆 CIP 数据核字（2017）第 174624 号

书　　名	**政府文化管理**
作　　者	艾思同　李荣菊　张芹玲　池志勇
责任编辑	吴蔚然
出版发行	国家行政学院出版社 （北京市海淀区长春桥路 6 号　100089） （010）68920640　68929037 http：//cbs.nsa.gov.cn
编 辑 部	（010）68922648
经　　销	新华书店
印　　刷	北京九州迅驰传媒文化有限公司
版　　次	2017 年 7 月北京第 1 版
印　　次	2017 年 7 月北京第 1 次印刷
开　　本	787 毫米×1092 毫米　16 开
印　　张	15.25
字　　数	234 千字
书　　号	ISBN 978-7-5150-1984-0
定　　价	45.00 元

本书如有印装质量问题，可随时调换。联系电话：（010）68929022

修订再版说明

为适应高中级公务员培训需要，2012年至2013年我院牵头组织全国行政学院系统师资力量，编写了一套公务员培训教材，共7本，涵盖政府公共管理、政府经济管理、政府文化管理、政府社会管理、政府应急管理、政府依法行政和政府领导科学。这套教材是我国贯彻、体现党的十八大精神的最早教材，鲜明地突出了“行政”特色，适应了行政学院教学培训的迫切需要。教材出版后在全国行政学院系统使用，取得了预想的教学效果，各方反映很好。

党的十八大以来，习近平总书记审时度势，根据国内外形势的新变化新发展，高瞻远瞩、改革创新，发表了系列重要讲话，提出了治国理政的新理念新思想新战略，带领全党全国人民开辟了中国特色社会主义事业的新局面。作为公务员培训教材，必须与时俱进，跟上形势发展的需要。于是，在国家行政学院主管领导的关怀和支持下，国家行政学院出版社动议并决定组织编写教材的原班人马进行修订。

国家行政学院原副院长、教材的总主编周文彰同志提出了修订方案和具体要求，这就是充分贯彻和体现党的十八大以来习近平总书记系列重要讲话精神和治国理政的新理念新思想新战略，贯彻和体现党的十八大以来历次中央全会精神和党的创新理论成果；总结和体现党的十八大以来党中央国务院组织实施“四个全面”的伟大实践，在政府公共管理、政府经济管理、政府文化管理、政府社会管理、政府应急管理、政府领导体制和方式、政府依法行政等方面采取的有效做法和成功经验，并上升为理论，总结出规律性的认识。参与修订的同志进行了充分的讨论并根据上述要求展开修订工作，在保持原版总体框架、篇目结构、文字风格基本不变的情况下，把着力点放在内容的补充、修改、完善上。同时，我们将“公务员培训用书”改为“公务员培训参考用书”，为下一步根据教学培训的需要编写全新教材留下空间。

因为时间很紧，参加修订的同志都感到，现在摆在大家面前的这套参考用书离修订的预期还有一定距离，有待将来弥补。尽管如此，参与修订的全体同志非常投入非常认真，花了大量时间和心血。国家行政学院教研部门的领导同志对修订稿进行了认真审读并提出了许多好的修改意见。出版社的编辑同志也付出了大量心血。在此一并表示谢意。

国家行政学院出版社
2017 年 6 月

目录

第一章 绪　论

《中共中央关于全面深化改革若干重大问题的决定》中提出："紧紧围绕建设社会主义核心价值体系、社会主义文化强国深化文化体制改革，加快完善文化管理体制和文化生产经营机制，建立健全现代公共文化服务体系、现代文化市场体系，推动社会主义文化大发展大繁荣。"该决定对扎实推进社会主义文化强国建设做出了全面部署，提出了一系列新观点、新论断、新要求，对政府加强文化建设与管理具有十分重要的指导意义。

第一节 文化管理的内容

文化管理是服务型政府履行文化发展与规范职能的重要载体。政府文化管理是指政府文化管理部门依据国家的方针、政策、法律、法规，对文化行政系统、文化企事业单位和文化团体的文化活动实行规划、组织、调控、引导和监督的一种行政行为。当前，政府主要借助于经济、法律和行政手段实现对管理客体的指导和规范。主要包括以下四个方面的内容。

一、文化事业管理

文化事业即公益性文化事业，是指与经营性文化产业相对应的，主要着眼于社会效益，以非营利为目的，为全社会提供非竞争性、非排他性的公共文化产品和服务的文化领域。它涵盖了广播、电视、电影、出版、报刊、演出、文物、图书馆和哲学社会科学研究等诸多文化领域。公益性文化事业既是国家文化建设的有机组成部分，也是国家整个公益事业（包括教育、医疗卫生、社会保障、环境保护等）的一个重要方面，更是政府管理的一项重要内容。

文化事业在积累、传承、创新和发展民族文化，落实公民文化权利和满足城乡居民日益增长的精神文化需求，提高全民族的思想道德和科学文化素质，发展和繁荣社会主义先进文化，构建社会主义和谐社会，以及促进国际多样化的文化交流等方面都发挥了不可替代的作用。

《中共中央关于深化文化体制改革推动社会主义文化大发展大繁荣若干重大问题的决定》中明确指出："满足人民基本文化需求是社会主义文化建设的基本任务。必须坚持政府主导，按照公益性、基本性、均等性、便利性的要求，加强文化基础设施建设，完善公共文化服务网络，让群众广泛享有免费或优惠的基本公共文化服务。"党的十八大以来，以习近平同志为核心的党中央，将加快构建现代公共文化服务体系纳入全面深化改革全局。2015 年初，中共中央办公厅、国务院办公厅印发了《关于加快构建现代公共文化服务体系的意见》和《国家基本公共文化服务指导标准》，对构建现代公共文化服务体系做出了全面部署。2017 年 3 月 1 日开始实施的《中华人民共和国公共文化服务保障法》为公共文化服务提供了法律保障。在党中央、国务院的重视下，公共文化服务体系建设取得明显成效，对弘扬社会主义核心价值观、促进文化事业繁荣发展、保障和改善文化民生发挥了重要作用。

公益性文化事业管理的主要内容包括文学艺术事业管理、社会文化事业管理、文物博物馆事业管理、文化基础设施建设、文化信息化建设、文化队伍建设和对外及对港澳台地区文化交流七个方面。

政府在公益性文化事业管理中的职能主要有方针政策管理、规划建设管理、协调监督管理、指导服务管理四个方面。

（1）方针政策管理是指针对公益性文化事业整体的管理，政府通过制定一系列的方针政策引导和规范公益性文化事业的建设与发展。

（2）规划建设管理是指政府应该按照社会发展对文化事业建设的要求，立足于公益性文化事业现有水平，制订文化事业规模、结构、布局及运行方式的总体规划，提出落实规划的实施方案和工作安排。

（3）协调监督管理是指政府应监督文化事业单位遵守国家法律法规和规章，协调文化事业相关内容的内部、外部关系，为文化事业发展提供良好的社会环境和组织管理保障。

（4）指导服务管理是指政府应该发挥好文化行政职能，做好对文化事业单位，特别是基层文化及文化工作者的服务工作，为文化事业的发展和文化工作者的才华展现，提供力所能及的服务。

二、文化产业管理

《中共中央关于深化文化体制改革推动社会主义文化大发展大繁荣若干重大问题的决定》中明确指出："发展文化产业是社会主义市场经济条件下满足人民多样化精神文化需求的重要途径。必须坚持社会主义先进文化方向，坚持把社会效益放在首位、社会效益和经济效益相统一，按照全面协调可持续的要求，推动文化产业跨越式发展，使之成为新的经济增长点、经济结构战略性调整的重要支点、转变经济发展方式的重要着力点，为推动科学发展提供重要支撑。"

文化产业管理的内容主要包括大众传媒类文化产业管理、娱乐类文化产业管理、表演艺术类文化产业管理和新兴文化产业管理等。

（1）大众传媒类文化产业管理对象主要是指对书籍、报刊、广播、电视及互联网等传播媒体所提供的文化产品的管理。

（2）娱乐类文化产业管理对象主要包括歌舞娱乐产业（舞厅、KTV、音乐茶座和音乐餐厅等）和游艺娱乐产业（电子游戏场所、台球房、保龄球馆、高尔夫球场以及综合性游乐场所等）的管理。

（3）表演艺术类文化产业管理对象主要包括演出团体、演出场所、演出中介机构和营业性演出活动等。

（4）新兴文化产业是与传统文化产业相对的概念。新兴文化产业是改革开放以来发展起来的文化产业，发展时间虽短，但发展速度十分惊人。新兴文化产业管理对象主要包括电脑特技、电脑动画、电脑游戏、移动媒体、数字电视、网络电视等。我国新兴文化产业发展十分迅速，最显著的特征就是数字技术、互联网、移动通信技术和社交媒体的广泛覆盖，并通过刺激传统行业的转型变革与融合创新逐步改变了行业的整体布局和走向。[①]

三、文化市场管理

文化市场的含义从字面上来讲，只是文化产品和文化服务活动进行交

---

① 孙萍．文化管理学［M］．北京：中国人民大学出版社，2015：170．

换的场所。但从本质上来讲，文化市场是市场体系的一个分支，是一个行业市场，是整个市场体系的有机组成部分。同时，文化市场反映的是文化产品或者文化服务的生产者、经营者与广大消费者之间的一种交换关系。在这个意义上，文化市场就是指文化产品和文化服务活动以商品的形式进行交换的场所以及各种交换关系的总和。可见，文化市场不仅包括交换（流通），也涉及文化生产、文化消费等多个环节。文化产品的生产不仅要根据市场需求来生产，经营也要根据市场需求来经营，消费也要根据市场环境来消费。可见，文化市场将文化产品生产总过程中的生产、交换、流通和消费这几个环节都紧密地连接到了一起。

文化市场管理的主要内容包括文化经营许可制度、文化产品审查制度和文化市场行政执法制度。

（一）文化经营许可制度

文化经营许可制度是我国文化市场管理的重要内容之一。目前，我国在出版物、音像制品、演出、电影和广播电视等领域都实行经营许可制度。

（1）出版物经营许可制度。在我国境内从事出版活动，须遵守《出版管理条例》。我国对于设立出版物的出版单位、印刷单位或者复制、进口、发行单位都实行经营许可制度。

（2）音像制品经营许可制度。我国对于设立音像制品的出版单位、制作单位、复制单位、进口单位、批发单位、发行单位均实行经营许可制度。

（3）演出许可制度。在演出领域，我国对于设立演出单位（包括营业性文艺表演团体、营业性演出场所、演出公司、演出经纪公司）、演出个人（包括演员、在职演员、专业艺术院校师生和其他单位的业余演员）进行营业性演出均实行许可制度。

（4）电影经营许可。我国对于设立电影制片单位、电影发行单位和电影放映单位均实行经营许可制度。

（5）广播电视经营许可。我国对于设立广播电台和电视台、广播电视节目制作单位、广播电视节目传送单位以及宾馆饭店开展视频点播业务均实行经营许可制度。

（二）文化产品审查制度

文化产品审查制度是指文化行政部门对进入文化市场领域的文化产品内容实施审查管制的制度。文化产品审查制度是国家控制社会意识形态的具体表现，旨在维护国家宪法确定的社会基本制度和社会公共利益。根据我国现行文化行业管理法规及规章的规定，目前主要对国产和进口的影片、电视剧、文艺类音像制品内容实行前置审查的制度，对图书、报纸、期刊、非文艺类音像制品以及广播、电视、网络、演出、展览、娱乐等内容服务活动实行市场督察的制度。

1. 文化产品审查标准

文化产品内容审查标准包括禁止标准和分级标准两类。禁止标准是指文化产品不得含有法定禁止传播内容的具体规范；分级标准是指含有法定限制传播内容的文化产品只能在限定人群、场所或时间范围内传播的具体规范。

2. 文化产品审查程序

文化产品审查程序主要包括电影审查程序、电视剧审查程序和音像制品审查程序。此外，对由文化生产经营单位自审或经文化行政部门形式审查（如选题备案和剧本审核）之后进入文化市场流通的图书、报纸、期刊、广播、电视、网络等媒介产品和演出、展览、娱乐等内容服务活动，文化行政主管部门还应履行法定的内容监管职责。根据经营性单位的自报和社会公众的反映，文化市场稽查机构应当对涉嫌含有法定禁止内容的文化产品进行审查鉴定，并可在认定属实的基础上采取查封、扣押或缴销物品和吊销版号、刊号或经营许可证等管制措施。

（三）文化市场行政执法制度

文化市场行政执法是指各级人民政府文化行政部门或者经法律法规授权的其他执法机构，依照国家有关法律、法规和规章的规定，对公民、法人或者其他组织的文化经营活动进行监督检查，并对违法行为进行处理的具体行政行为。文化市场行政执法的范围是：营业性演出活动；音像制品的进口、批发、零售、出租和放映；娱乐场所经营活动；艺术品经营活动；电影发行、放映经营活动；互联网上网服务营业场所和互联网文化经营活动；文化行政部门管理的其他文化经营活动。

文化市场行政执法遵循公平、公正、公开的原则，建立权责明确、行为规范、监督有效、保障有力的行政执法体制。

四、文化体制改革

文化是一种生产力，是综合国力的重要组成部分。当今世界，文化与经济、政治相互交融，在综合国力竞争中的地位和作用越来越突出，越来越重要。因此，大力发展社会主义文化，建设社会主义精神文明，是我们全面建设小康社会必须完成的重任。要完成这一重任，改革文化体制是题中应有之义。

改革开放特别是党的十八大以来，在中共中央的科学决策和正确领导下，我国的文化体制改革由点到面，逐步展开，从而取得了重大突破和阶段性成果。中共中央确定的文化体制改革阶段性任务基本完成，公共文化服务体系框架初步建立，文化产业规模实力不断壮大，文化市场空前繁荣，精品力作大量涌现，文化“走出去”日益拓展，文化改革发展开创了新局面，初步走出了一条中国特色社会主义文化发展道路。

党的十六大厘清了文化体制改革的基本思路，提出了公益性文化事业和经营性文化产业概念及其分类改革的要求，相应地提出了发展文化事业和文化产业的任务。这是对现代文化认识上的一次思想解放和与时俱进，带来了文化领域的深刻变化。党的十六大以后，中央迅速部署文化体制改革试点工作，选择了 35 家文化单位和 9 个地区先行先试，国务院还出台了支持文化体制改革试点的优惠政策。经过努力，试点任务全面完成，一批自愿参与改革的文化单位和地区取得了突破。中共中央及时总结试点工作经验，于 2005 年年底下发了《中共中央、国务院关于深化文化体制改革的若干意见》。该文件的出台标志着我国文化体制改革进入了全面推进的新阶段。

《中共中央关于深化文化体制改革推动社会主义文化大发展大繁荣若干重大问题的决定》在总结了我国文化改革发展实践经验的基础上，专题研究深化文化体制改革、推动社会主义文化大发展大繁荣若干的重大问题，有着十分重大的意义。

党的十八大提出全面建成小康社会和全面深化改革开放等“四个全面”的要求，给文化体制改革打开了新的天地、注入了新的动力、提出了新的要求。习近平总书记在全国宣传思想工作会议上强调指出，继续大胆推进改革、推动文化事业全面繁荣和文化产业快速发展、建设社会主义文化强国，同时把握好意识形态属性和产业属性、社会效益与经济效益的关系，始终坚持社会主义先进文化前进方向，始终把社会效益放在首位，进一步明确了我们加快文化改革发展的基本遵循原则。只有深化文化体制改革，不断增强改革的系统性、整体性、协同性，发挥市场在文化资源配置中的积极作用，激发文化工作者和全社会文化创造热情，推动文化事业、文化产业繁荣发展，提供更多、更好的优秀文化产品和文化服务，才能更好地满足全面建成小康社会伟大进程中人民群众日益增长的精神文化需求，才能更好地适应全面深化改革伟大事业中使各方面制度更加成熟、更加定型的时代要求，才能更好地形成有利于创新、创造的文化发展环境。

虽然文化体制改革成效明显但成果还不稳固，一些制约文化科学发展的深层次矛盾和问题还没有完全破题，文化创新环境还有待进一步优化。为此，党的十八届三中全会通过的《中共中央关于全面深化改革若干重大问题的决定》中，对进一步深化文化领域的改革做了重点部署，明确提出了各项任务要求。

（一）完善文化管理体制

创新文化管理体制是加强和改进党对意识形态工作领导的内在要求，是行政管理体制改革的重要方面，也是深化文化体制改革的重点任务，必须牢牢把握正确方向，建立健全党委领导、政府管理、行业自律、社会监督、企事业单位依法运营的文化管理体制，切实提高文化领域管理效能和服务水平。在当下完善文化管理体制，就是要做好以下四个方面的工作。

1. 加快转变文化行政管理部门职能

转变政府职能，形成科学的宏观调控和有效的政府治理是文化管理体制改革的基本要求和重要任务。要按照政企分开、政事分开原则推动政府部门由办文化向管文化转变，推动党政部门与其所属的文化企事业单位进一步理顺关系，不断强化政策调节、市场监管、社会管理、公共服务职能。转变政府职能需要统筹“放”和“管”的关系，做到简政放权和加强监管齐推进、相协调。创新文化行政管理方式，善于综合运用法律、行政、经济、科技等多种管理手段，加快文化立法，加强行业自律，做到科学管理、依法管理、有效管理。

2. 健全国有文化资产管理体制

国有文化资产是重要的宣传文化资源，是推动社会主义文化大发展大繁荣的重要基础和保障。加强国有文化资产管理既是政府部门的事情、又是党委的重要工作；既要保证国有文化资产保值增值，又要保证文化企业正确导向。要认真总结实践经验，建立党委和政府监管国有文化资产的管理机构，实行管人、管事、管资产、管导相相统一。建立健全有文化特色的现代企业制度。加快国有文化企业公司制、股份制改造，科学设置内部组织结构，强化经营管理。深化内部改革，充分考虑宣传文化工作自身特点和管理需求，认真落实“谁主管谁负责”和属地管理原则，探索建立主管主办制度与现代企业出资人制度有机衔接的工作机制，推动党政部门逐步与所属文化企业脱钩，理顺主管主办单位与出资人机构的关系。坚持党管意识形态不动摇，始终确保党对国有文化单位重大事项的决策权、资产配置的控制权、宣传业务的终审权、主要领导干部的任免权。完善社会效益和经济效益综合考核评价指标体系，建立健全社会效益的具体评价标准，建立考核结果与薪酬分配挂钩的绩效考核制度。

3. 完善互联网管理体制和工作机制

随着现代信息技术的日新月异，互联网迅速发展、广泛普及，日益大众化、媒体化，对加强和改进互联网管理提出迫切要求。要创新管理思路，统筹各方力量，认真贯彻积极利用、科学发展、依法管理、确保安全的方针，进一步健全基础管理、内容管理、行业管理以及网络违法犯罪防范和打击等工作联动机制，加快形成法律规范、行政监管、行业自律、技术保障、公众监督、社会教育相结合的互联网管理体系。加强和改进网络文化建设和管理，加强网上舆论引导，实施网络内容建设工程，加强网络法制建设，健全网络突发事件处置机制，形成正面引导与依法管理相结合的网络舆论工作格局。加大依法治网力度，加强对网上有害信息、网络谣言的整治，推进网络依法规范有序运行，使网络空间更加清朗起来。完善互联网管理领导体制，确保国家网络和信息安全。

4. 进一步规范传播秩序

巩固发展健康向上的主流舆论是宣传思想文化工作的基本职责，加强舆论引导、规范传播秩序是完善文化管理体制的重要任务。要健全坚持正确舆论导向的体制机制。整合新闻媒体资源，加大国家扶持力度，做强主流媒体，壮大主流声音。适应多媒体融合发展的新趋势，以党报、党刊、电台、电视台为主，推动传统媒体与新兴媒体融合发展。推动新闻发布制度化，构建多层次、专业化的新闻发布平台。严格新闻工作者职业资格制度，加强职业道德和业务知识培训，确保新闻工作者真实准确地传播新闻信息，坚决杜绝虚假新闻、新闻敲诈等行为。

（二）建立健全现代文化市场体系

随着社会主义市场经济体制的不断完善，文化繁荣发展越来越离不开市场，越来越需要发挥市场在文化资源配置中的积极作用。必须加快构建统一开放、竞争有序的现代文化市场体系，进一步打破文化市场条块分割、地区封锁、城乡分离的传统格局，完善文化市场准入和退出机制，鼓励各类市场主体公平竞争、优胜劣汰，促进文化资源在全国范围内流动。

1. 加快培育合格文化市场主体

经营性文化单位转制为企业只是培育合格市场主体的第一步，其发展活力和竞争力如何，还要看其内部治理结构和经营管理水平如何。要以培育合格文化市场主体为目标，继续推进经营性文化单位转企改制，深化拓展出版、发行、影视、演艺等领域改革成果，完善法人治理结构，加快公司制、股份制改造，形成符合现代企业制度要求、体现文化企业特点的资产组织形式和经营管理模式，切实提高导向把控、资本运作和市场经营能力。

2. 鼓励非公有制文化企业发展

加快发展文化产业，必须毫不动摇地支持和壮大国有或国有控股文化企业，毫不动摇地鼓励和引导各种非公有制文化企业健康发展，进一步形成以公有制为主体、多种所有制共同发展的文化产业格局。要引导社会资本以多种形式投资文化产业，允许参与对外出版、网络出版，允许以控股形式参与国有影视制作机构、文艺院团改制经营。加强和改进对非公有制文化企业的服务和管理，引导他们自觉履行社会责任。支持各种形式的小微文化企业发展，加大财税扶持，缓解融资难题，为其加快发展创造良好环境，在坚持出版权播出权、特许经营前提下，允许制作和出版、制作和播出分开。

3. 建立多层次文化产品和要素市场

文化产品和要素市场是现代文化市场体系顺畅运行的基础条件。要重点发展图书、电子音像制品、演出娱乐、影视剧、动漫游戏等产品市场，加快培育产权、版权、技术、信息等要素市场，进一步完善中国国际文化产业博览交易会等综合交易平台。大力发展连锁经营、物流配送、电子商务等现代流通组织和流通形式，加快建设大型文化流通企业和文化产品物流基地。鼓励金融资本、社会资本、文化资源相结合，创新投融资体制，支持国有文化企业面向资本市场融资，办好重点文化产权交易所，完善文化无形资产评估，健全文化中介机构。

4. 完善文化经济政策

文化经济政策是文化宏观管理的重要手段，也是文化繁荣发展的有力保障，对文化产业和文化市场具有重要的扶持、激励和引导、调控作用。要对当前行之有效的文化经济政策进行延续和规范，对不适应实际需要的原有政策及时进行修订和完善。探索推动文化经济政策创新，进一步形成文化领域宏观调控目标和政策手段的机制化。提高文化支出占财政支出的比例，扩大政府文化资助和文化采购。健全文化产品评价体系，改革评奖制度，充分发挥评奖在文化产品创作生产中的示范、导向和激励作用。加强版权保护，鼓励文化原创，加大对拥有自主知识产权、弘扬民族优秀文化的产业支持力度，打造知名品牌，推出更多的文化精品。

（三）构建现代公共文化服务体系

加强公共文化服务是实现人民基本文化权益的主要途径。必须坚持政府主导，按照标准化、均等化的要求，加强文化基础设施建设，完善公共文化服务网络，构建覆盖城乡、结构合理、功能健全、实用高效的公共文化服务体系，让群众广泛享有免费或优惠的基本公共文化服务。

1. 统筹公共文化服务设施网络建设

公共文化服务体系建设涉及面广，各地情况千差万别，需要加强统筹、科学规划、整体推进、提高效益。

2. 促进基本公共文化服务标准化、均等化

基本公共服务标准化、均等化是实现城乡文化一体化发展的内在要求。要以保障人民群众看电视、听广播、读书看报、进行公共文化鉴赏、参与公共文化活动等基本文化权益为主要内容，明确适合、适应、适当的服务标准，制定和实施基本公共文化服务指标体系和绩效考核办法，做到扩大覆盖、消除盲点、完善服务、改进管理。

3. 深化公益性文化事业单位改革

公益性文化事业单位是构建现代公共文化服务体系的骨干力量。要按照国家分类推进事业单位改革的总体要求，明确不同文化事业单位的功能定位，深化公益性文化事业单位内部人事、收入分配、社会保障、经费保障等制度改革，完善绩效评估考核机制，突出公益属性、强化服务功能、增强发展活力。推动文化事业单位建立法人治理结构，推动公共图书馆、博物馆、文化馆、科技馆等公共文化服务设施组建理事会，吸纳有关方面代表、专业人士、各界群众参与管理，进而创新运行机制。加大对党报、党刊、通讯社、电台、电视台、时政类报刊社、公益性出版社等主流媒体的扶持力度，加强内部管理，严格实行采编与经营分开，规范经营活动。

4. 推动公共文化服务社会化发展

引入公共文化服务竞争机制是提高服务效能的内在要求。要加大政府

购买服务力度，鼓励有条件的地方进行项目外包和设施委托管理。引导和鼓励社会力量通过兴办实体、资助项目、赞助活动、提供设施等形式参与公共文化服务，培育文化非营利组织，从而形成以政府为主、社会力量积极参与的公共文化服务投入机制。建立完善公共文化设施长期免费开放的保障机制，为丰富群众文化生活创造便利条件、提供多样化平台。

(四) 提高文化开放水平

开放是文化体制改革的重要内容，坚持以改革开放的精神重构中华文化走向世界的体制机制。扩大文化领域对外开放是推动中华文化“走出去”、提升国家文化软实力的迫切需要，也是吸收各国优秀文明成果、促进文化繁荣发展的必然选择。必须坚持政府主导、企业主体、市场运作、社会参与，统筹用好国际国内“两个市场”“两种资源”，统筹推进文化交流、文化传播、文化贸易，着力构建全方位、多层次、宽领域的文化对外开放格局，推动中华文化走向世界，推动人类文明进步。

1. 扩大对外文化交流

对外文化交流是推动文化“走出去”的有效手段。要深化政府间文化交流，进一步丰富交流渠道，整合交流平台。要构建人文交流机制，把政府交流和民间交流结合起来，鼓励社会组织、中资机构等参与孔子学院和海外中国文化中心建设，承担人文交流项目，鼓励代表国家水平的各类学术团体、艺术机构在相应国际组织中发挥建设性作用，鼓励海外侨胞积极开展中外人文交流。创新交流方式，通过教育培训、语言推广、学术交流、研究资助、文体活动、观光考察等构建交流网络，提高交流效果。

2. 扩大对外文化贸易

以贸易和投资形式推动文化“走出去”更可持续、效果更好。要积极探索市场化、商业化、产业化的运作方式，培育外向型文化企业，支持文化企业到境外开拓市场，鼓励其与国外知名文化机构的合资合作，鼓励有条件的企业在国外设立分支机构、进行战略投资，推动我国文化产品进入国外主流社会。积极探索符合国际惯例和市场运作规律的营销方式，加强国际文化产品交易平台和国际营销网络建设。充分考虑各国文化传统、宗教信仰、审美标准，贴近国外受众文化需求和消费习惯，推出更多具有中国特色、中国风格、中国气派的文化精品。组织实施中国当代作品翻译工程，为文化“走出去”搭建翻译平台、提供翻译资助，使我们的优秀文化产品能够展现出独特魅力。

3. 提高国际传播能力

加强国际传播能力和对外话语体系建设，提升国际舆论话语权是增强国家文化软实力的重要内容，是传播中国声音、塑造国家形象、维护国家利益的迫切需要。要加快构建技术先进、传输快捷、覆盖广泛的现代传播体系，加快形成独具中国特色、能与国际交流的对外话语体系。理顺内宣外宣体制，支持重点媒体面向国内国际发展，提高新闻信息原创率、首发率、落地率。创新对外宣传传播方法，妥善回应外部关切问题，增进国际社会对我国基本国情、价值观念、发展道路、内外政策的了解和认识，不断增强说服力和认可度。

4. 积极吸收借鉴国外一切优秀文化成果

坚持以我为主、为我所用，学习借鉴一切有利于加强我国社会主义文化建设的有益经验、一切有利于丰富我国人民文化生活的积极成果、一切有利于发展我国文化事业、文化产业的经营管理理念和机制。加强文化领域人才、技术、经营管理经验的引进和利用工作，吸收外资进入法律法规许可的文化产业领域。鼓励外资企业在我国进行文化科技研发，发展服务外包。完善文化领域准入政策，强化文化市场监管，确保意识形态安全和国家文化安全。

总之，文化体制改革既与经济体制改革紧密相连，又与政治体制、社会体制改革密切相关，政治性、政策性很强，涉及领域和范围很广。实践充分证明，深化文化体制改革、顺应时代发展要求、符合文化发展规律，是推动社会主义文化大发展大繁荣、建设社会主义文化强国的根本途径和必由之路。文化体制改革必须始终坚持社会主义先进文化前进方向，坚持中国特色社会主义文化发展道路，牢牢把握党管意识形态、党管干部、党管导向的基本原则，妥善处理好意识形态属性和产业属性、社会效益与经济效益的关系，无论改什么、怎么改，导向不能改，阵地不能丢。抓紧制定出台深化文化体制改革实施方案，明确任务要求，强化组织领导，完善政策保障，推动文化改革发展迈出新步伐、登上新台阶。

第二节 文化组织

文化组织主要是指在文化领域内，各相关群体为了实现全社会文化繁荣与发展，通过责权分配和层次结构所构成的，随着环境变化而不断进行自我适应和调整的组织。这些组织以实现公共利益及全社会文化繁荣与发展为目的，以管理文化事务、提供公共文化服务、供给文化产品为基本职能。在我国，这些组织主要包括中国共产党的领导机关、文化行政组织、文化事业组织、文化产业组织和群众文化组织。

一、党的领导机关

中国共产党对文化事业的领导表现在党对文化事业的总体领导上，这种领导主要是通过制定文化方针政策来实现的。党的文化方针政策是党对文化事业的根本态度、基本要求和基本领导方式的集中概括和原则规定，它是党领导文化事业的根本纲领，也是文化行政管理部门制定具体的文化管理法规、实施文化管理的一项根本依据。中国共产党主管文化的最高领导机构是中共中央宣传部，地方各级党委设有相应的机构；在政府系统的各级文化管理部门和一些大型文化团体中，均设有党组，如文化部党组、文联党组；文化团体、文化企事业单位均设有党委、党总支或党支部等，形成党的多层次的领导体系。中国共产党的领导决定了整个社会文化事业能否获得稳定、健康的发展。

中国共产党的文化政策总体结构包括三大类：

第一类是文化的基本方针。新中国成立以来，我党先后提出的文化方针中，有三项是基本方针。一是“百花齐放，百家争鸣”方针；二是“古为今用，洋为中用，推陈出新”方针；三是“弘扬主旋律，提倡多样化”方针。这三大方针既是文化工作在总体上坚持社会主义性质的根本保证，也是促进社会主义文化发展繁荣的基本保证，它们既反映了文化发展的客观规律，也反映了党和国家与时俱进不断创新的精神。

第二类是体现以上三大方针的具体方针。

第三类是党对文化工作的领导和为了实现领导体制与管理手段科学化所采用的必要政策。这方面主要是指党领导文化的宗旨、原则和方法，以及与此相关的文化体制改革、文化经济政策和文化法规等。中国共产党和文化行政组织对文化的领导和管理是存在区别的。中国共产党对文化事业的领导是一种宏观的、间接的领导，而文化行政组织对文化事业的领导是一种相对微观的直接领导。

党的十六大对中国共产党的历史地位的变化有一个非常明确的概括。因此，转变党管意识形态的执政方式，是党的历史地位变化所提出来的，是整体性历史要求在意识形态领域里的一种反映。《中共中央关于深化文化体制改革推动社会主义文化大发展大繁荣若干重大问题的决定》中明确指出："加强和改进党对文化工作的领导，是推进文化改革发展的根本保证，也是加强党的执政能力建设和先进性建设的内在要求。必须从战略和全局出发，把握文化发展规律，健全领导体制机制，改进工作方法方式，增强领导文化建设本领。"

二、文化行政组织

文化行政组织是行使文化管理职能的一类行政组织。1949 年 9 月 27 日颁布的《中华人民共和国中央人民政府组织法》规定，政务院设立文化教育委员会，设立专司文化事业管理的中央文化行政职能部门，包括文化部、新闻总署、出版总署、科学院、教育部。此后，各省、自治区、直辖市及地方县、市、区各级人民政府都成立了教育厅、局，文化厅、局或其他文化教育行政管理机构，形成了从中央到地方各级人民政府的行政文化管理网络。

在文化机构的设置上，党内机构与政府文化管理机构二者职能分明。文化行政组织是中国政府行政组织的一部分，是行使文化管理职能的一类行政组织，在国务院的机构中，主要是指文化部、国家新闻出版广电总局。在地方，承担文化行政管理工作的行政组织则相应有各省文化厅、新闻出版广电局。

（一）文化部

中央政府主管文化的部门是中华人民共和国文化部。文化部于 1970 年被撤销，由国务院文化组代行职权。1975 年恢复文化部。1982 年国务院机构改革将文化部、对外文化联络委员会、国家出版发行事业局合并设立文化部。1986 年，将电影系统由文化部调整到广播电视部。1998 年，国务院机构改革保留文化部，但对其职能做了一定的调整，将管理群众文化事业的职能交给了地方人民政府，取消指导、管理文化系统报刊和书籍出版工作的职能。同时，把音像制品进口管理的职能由国家新闻出版总署划给文化部。中华人民共和国文化部是国务院组成部委之一，其主要职责是：

（1）拟定文化艺术方针政策，起草文化艺术法律法规草案。

（2）拟定文化艺术事业发展规划并组织实施，推进文化艺术领域的体制机制改革。

（3）指导、管理文学艺术事业，指导艺术创作与生产，推动各门类艺术的发展，管理全国性重大文化活动。

（4）推进文化艺术领域的公共文化服务，规划、引导公共文化产品生产，指导国家重点文化设施建设和基层文化设施建设。

（5）拟定文化艺术产业发展规划，指导、协调文化艺术产业发展，推进对外文化产业交流与合作。

（6）拟定非物质文化遗产保护规划，起草有关法规草案，组织实施非物质文化遗产保护和优秀民族文化的传承普及工作。

（7）指导、管理社会文化事业，指导图书馆、文化馆（站）事业和基层文化建设。

（8）拟定文化市场发展规划，指导文化市场综合执法工作，负责对文化艺术经营活动进行行业监管，并指导对从事演艺活动民办机构的监管工作。

（9）负责文艺类产品网上传播的前置审批工作，负责对网吧等上网服务营业场所实行经营许可证管理，对网络游戏服务进行监管（不含网络游戏的网上出版前置审批）。

（10）拟定动漫、游戏产业发展规划并组织实施，指导协调动漫、游戏产业发展。

（11）拟定文化科技发展规划并监督实施，推进文化科技信息建设。

（12）指导、管理对外文化交流和对外文化宣传工作，组织拟订对外及对港澳台的文化交流政策，指导驻外使（领）馆及驻港澳文化机构的工作，代表国家签订中外文化合作协定，组织实施大型对外文化交流活动。

（13）承办国务院交办的其他事项。

（14）管理国家文物局。

根据上述职责，文化部设立办公厅、政策法规司、人事司、财务司、艺术司、文化科技司、文化市场司、文化产业司、公共文化司、非物质文化遗产司、对外文化联络局（港澳台办公室）等职能司局。

（二）国家新闻出版广电总局

新中国成立伊始，中央人民政府就设立了新闻总署和出版总署，负责管理新闻出版工作。1952 年 2 月新闻总署被撤销，1954 年又撤销出版总署。1975 年设立国家出版事业管理局，1986 年改称国家出版局。1987 年设立新闻出版署，直属国务院，是领导和管理全国新闻出版事务的机构，所辖范围为图书、报纸、期刊和音像等出版物。1988 年改称新闻出版署和国家版权局，为国务院的直属机构。1998 年设立国家新闻出版署（国家版权局），作为国务院主管新闻出版事业和著作权管理的直属机构。在著作权管理上，以国家版权局名义对内对外单独行使职权。2000 年，国家新闻出版署更名为国家新闻出版总署。

2013 年，为进一步推进文化体制改革，统筹新闻出版广播影视资源，将国家新闻出版总署、国家广播电影电视总局的职责整合，重新组建为国家新闻出版广电总局。其主要职责是：统筹规划新闻出版广播电影电视事业产业发展，监督管理新闻出版广播影视机构和业务以及出版物、广播影视节目的内容和质量，负责著作权管理等。国家新闻出版广电总局加挂国家版权局牌子。

新成立的国家新闻出版广电总局在职能上进行了调整，主要职责如下。

（1）负责拟定新闻出版广播影视宣传的方针政策，把握正确的舆论导向和创作导向。

（2）负责起草新闻出版广播影视和著作权管理的法律法规草案，制定部门规章、政策、行业标准并组织实施和监督检查。

（3）负责制定新闻出版广播影视领域事业发展政策和规划，组织实施重大公益工程和公益活动，扶助老少边穷地区新闻出版广播影视建设和发展。负责制定国家古籍整理出版规划并组织实施。

（4）负责统筹规划新闻出版广播影视产业发展，制定发展规划、产业政策并组织实施，推进新闻出版广播影视领域的体制机制改革。依法负责新闻出版广播影视统计工作。

（5）负责监督管理新闻出版广播影视机构和业务以及出版物、广播影视节目的内容和质量，实施依法设定的行政许可并承担相应责任，指导对市场经营活动的监督管理工作，组织查处重大违法违规行为。指导监管广播电视广告播放。负责全国新闻记者证的监制管理。

（6）负责对互联网出版和开办手机书刊、手机文学业务等数字出版内容和活动进行监管。负责对网络视听节目、公共视听载体播放的广播影视节目进行监管，审查其内容和质量。

（7）负责推进新闻出版广播影视与科技融合，依法拟定新闻出版广播影视科技发展规划、政策和行业技术标准，并组织实施和监督检查。负责对广播电视节目传输覆盖、监测和安全播出进行监管，推进广电网与电信网、互联网三网融合，推进应急广播建设。负责指导、协调新闻出版广播影视系统安全保卫工作。

（8）负责印刷业的监督管理。

（9）负责出版物的进口管理和广播影视节目的进口、收录管理，协调推动新闻出版广播影视领域“走出去”工作。负责新闻出版广播影视和著作权管理领域对外及对港澳台的交流与合作。

（10）负责著作权管理和公共服务，组织查处有重大影响和涉外的著作权侵权盗版案件，负责处理涉外著作权关系和有关著作权国际条约应对事务。

（11）负责组织、指导、协调全国“扫黄打非”工作，组织查处大案要案，承担全国“扫黄打非”工作小组日常工作。

（12）领导中央人民广播电台、中国国际广播电台和中央电视台，对其宣传、发展、传输覆盖等重大事项进行指导、协调和管理。

（13）承办党中央、国务院交办的其他事项。

三、文化事业组织

文化事业组织就是文化事业单位，是指国家为了发展社会主义先进文化，由国家举办或者其他组织利用国有资产举办的主要从事社会公益文化活动，为社会公众提供文化服务，独立于政府和企业之外的非营利性组织。

我国现有文化事业单位种类繁多、数量庞大、牵涉面广，专业人才和技术知识高度密集，隶属关系和投资渠道各不相同，其情况十分复杂。基层文化事业单位也比较复杂。改革开放前，县级文化事业组织主要有图书馆、文化馆、文工团、地方剧团等，每个乡镇还有文化站。

文化事业组织具有社会服务性、非营利性、非政府性三大特征。

文化事业组织为全社会提供文化服务，具有广泛的社会服务性。文化事业组织所从事的社会服务更多地体现为服务者和社会公众的契约关系，不以公共权力为基础，也不具有强制性。

文化事业组织非营利性主要是指文化事业组织排斥个人营利行为、团体营利行为，同时文化事业组织受税法的约束。

文化事业组织的非政府性从现代社会中包括的三个基本职能可以证明：第一，提供市场无法提供而政府又不便提供的“公共物品”；第二，协助政府更好地实现“公共物品”的提供，提供公共事业的服务质量；第三，提供某些不适于由营利性企业提供的“私人物品”，即商品或服务为团体利益服务。

四、文化产业组织

文化产业组织是为公众提供文化、娱乐产品与服务的营利性组织。从提供产品的类别上可分为演出业、影视业、音像业、文化娱乐业、文化旅游业、网络文化业、图书报刊业、文物和艺术品业以及艺术培训业等行业门类。

文化产业的巨大影响力集中表现在文化产业组织的发展上。目前，文化产业组织的发展表现出一些全新的特征：一是文化产业组织建立在数字化技术基础之上，可以实现低成本复制和传播、个性化与互动式服务、多媒体界面、虚拟现实、生活性的渗入等。二是文化产业组织具有“规模经济”的特征。三是文化产业组织具有“范围经济”特征，大型文化产业组织往往在更大的范围内，实行跨行业多方面经营，跨行业和超竞争组合更便于获取范围经济利润。四是文化产业组织具有网络经济特征。大型国际化文化传媒组织借助于网络经济和现代资本市场的金融杠杆，实现低成本扩张和快速度整合，对传统文化产业进行全面改造。

文化企业是文化产业的主体。文化企业强则文化产业强，文化企业弱则文化产业衰。

五、群众文化组织

群众文化组织是指为开展群众文化活动，繁荣社会主义文化，由广大人民群众参加的社会团体。我国群众文化组织主要由三大类构成：第一类是由全国各级文联、作家协会等人民团体组成的网络体系；第二类是由基层文化馆、群众艺术馆、文化站等构成的基层群众文化组织；第三类是村级组织或社区举办的文化组织，包括社区群众基于共同兴趣爱好自发形成的以健身、娱乐、休闲、公益服务等为主要活动内容的松散的社区群众组织。

文化行业协会是文化经营主体自愿组成的行业性社会组织，其作用不同于政府管理的职能，以维护行业权益为目标，履行“行业代表”“行业服务”“行业协调”“行业自律”四方面职能。目前，中国文联设立中国作家协会、中国电影家协会、中国戏剧家协会、中国美术家协会、中国音乐家协会、中国曲艺家协会、中国舞蹈家协会、中国电视艺术家协会等。各协会的任务是开展各种活动，组织作家、艺术家进行学习和探讨；组织各类文化演出的观摩；举办各类学术研究会、座谈会；举办培养文艺新人的讲座、讲习班；开展纪念文化名人活动；鼓励组织作家、艺术家深入厂矿、农村、部队、边疆进行参观访问和调查研究，并提供必要的协助；举办文艺评奖活动等。

文化馆、群众艺术馆、科技馆、文化站以及工人文化宫、工人俱乐部、青少年宫等，是政府、群众团体、各部门设立的以群众文化业务工作为服务手段的群众文化组织，是基层文化建设的重点。

群众自发建立的文化组织包括村级组织或社区举办的文化组织和民间文化组织。村级组织或社区举办的文化组织是一种极为普遍的文化组织形式，一般称为文化室、文化大院、俱乐部或文化教育活动中心等，有的地方还建立了社区文化管委会。这种组织是基层组织下设的文化机构，直接对基层组织负责，接受上级文化部门的指导。

第三节 政府文化管理的目标

政府文化管理的目标主要有建设社会主义核心价值体系、推进精神文明建设、满足人民群众日益增长的精神文化需求、增强文化自信和提高文化整体实力和竞争力五个方面。

一、建设社会主义核心价值体系

任何社会都有自己的核心价值体系。我们国家在中国共产党领导下，也一样要大力建设社会主义核心价值体系。

社会主义核心价值体系，是在党的十六届六中全会决定中首次提出的，在党的十七大报告中特别予以强调。《中共中央关于深化文化体制改革推动社会主义文化大发展大繁荣若干重大问题的决定》(以下简称《决定》)中，把建设社会主义核心价值体系作为文化改革发展的根本任务，把社会主义核心价值体系建设深入推进作为文化改革发展的重要奋斗目标，用整整一个部分的篇幅深刻阐述“推进社会主义核心价值体系建设，巩固全党全国各族人民团结奋斗的共同思想道德基础”这一重大问题。

党的十七届六中全会《决定》和党的十八大报告反复强调指出：“社会主义核心价值体系是兴国之魂，是社会主义先进文化的精髓，决定着中国特色社会主义发展方向。”这一重要论断深刻揭示了社会主义核心价值体系在党和国家事业中居于灵魂位置，在社会主义先进文化中具有精髓意义，在中国特色社会主义建设中起着决定方向的关键性作用。

推进社会主义核心价值体系建设，是实现全面建设小康社会奋斗目标新要求的重要内容。《决定》提出了到2020年要实现“社会主义核心价值体系建设深入推进，良好思想道德风尚进一步弘扬，公民素质明显提高”的奋斗目标，强调必须强化教育引导、增进社会共识、创新方式方法、健全制度保障，在全党和全社会形成统一指导思想、共同理想信念、强大精神力量、基本道德规范。在具体工作上，从四个方面做了部署：一是着眼于真学、真懂、真信、真用，不断巩固马克思主义的指导地位。坚持马克思主义指导地位是社会主义核心价值体系建设的首要目标。《决定》强调要毫不动摇地坚持马克思主义基本原理，紧密结合中国实际、时代特征、人民愿望，用发展着的马克思主义指导新的实践。二是着眼于最大限度团结和凝聚人民，始终坚定中国特色社会主义共同理想。《决定》从开展正面教育、防御负面影响两个方面对坚定中国特色社会主义共同理想提出了要求。三是着眼于激发爱国情怀和创新热情，大力弘扬民族精神和时代精神。《决定》紧扣民族精神和时代精神进行了部署。在开展民族精神教育方面，《决定》概括提炼出“两个最大”的价值标准。四是着眼于培育知荣辱、讲正气、做奉献、促和谐的良好风尚，切实树立和践行社会主义荣辱观。《决定》提出了“增强道德判断力和道德荣誉感”的重要概念，强调深入开展社会主义荣辱观宣传教育，推进公民道德建设工程，学习宣传先进典型，引导人民自觉履行法定义务、社会责任、家庭责任，在全社会形成知荣辱、讲正气、做奉献、促和谐的良好风尚。

党的十八大报告在党的十七届六中全会《决定》的基础上首次提出："倡导富强、民主、文明、和谐，倡导自由、平等、公正、法治，倡导爱国、敬业、诚信、友善，积极培育和践行社会主义核心价值观。"这是对社会主义核心价值观的最新概括。党的十八大报告用24个字，分别从国家、社会、公民三个层面，提出了反映现阶段全国人民的社会主义核心价值观。

二、推进精神文明建设

伟大的事业需要伟大的精神。没有文化的积极引领，没有人民精神世界的极大丰富，没有全民族精神力量的充分发挥，一个国家、一个民族不可能屹立于世界民族之林。中国特色社会主义伟大事业，必须深深扎根于全党和全国各族人民丰富充实、积极进步、健康向上的精神沃土之中。当前，世情、国情、党情发生了深刻变化：一方面，经过三十多年的持续快速发展，我国经济建设取得了举世瞩目的成就，经济总量已经跃居世界第二位，人民生活水平有了大幅提高，精神文明建设稳步推进，社会主义文化建设取得累累硕果；另一方面，我国文化发展同经济社会发展和人民日益增长的文化需要还不完全适应，且存在一些亟待解决的突出矛盾和问题。这就需要我们进一步解放思想，以改革创新精神加强和推进社会主义精神文明建设。

社会主义精神文明以马克思主义为指导，它的发展需要物质文明提供物质条件和实践经验，它的发展又为物质文明的发展提供精神动力、智力支持和思想保证。我国社会主义现代化建设的总体布局以经济建设为中心，坚定不移地进行经济体制改革，坚定不移地进行政治体制改革，坚定不移地加强精神文明建设，并且使这几个方面之间互相配合、互相促进。

社会主义精神文明建设的根本任务是适应社会主义现代化建设的需要，培育有理想、有道德、有文化、有纪律的社会主义公民，提高整个中华民族的思想道德素质和科学文化素质。人的素质是历史的产物，又给历史以巨大影响。在社会主义条件下，努力改善全体公民的素质，必将使社会劳动生产率不断提高，使人和人之间在公有制基础上的新型关系不断发展，使整个社会的面貌发生深刻的变化。这是我国社会主义现代化事业获得成功的必不可少的条件。

精神文明建设包括思想道德建设和科学文化建设两个方面，渗透在整个物质文明建设之中，体现在经济、政治、文化、社会生活的各个方面。加强精神文明建设，不仅是思想文教部门的任务，还是各条战线和一切部门的任务，更是全党、全军和全国各族工人、农民、知识分子和其他劳动者、爱国者的长期的共同任务。

三、满足人民群众日益增长的精神文化需求

党的十八大报告提出："让人民享有健康丰富的精神文化生活，是全面建成小康社会的重要内容。"物质贫乏不是社会主义，精神空虚也不是社会主义。没有社会主义文化繁荣发展，就没有社会主义现代化。历史表明，国家的富强、民族的振兴，不仅需要强大的物质基础，也需要强大的精神力量。这就要求我们把丰富人民精神生活作为文化建设的重要着力点，大力发展社会主义先进文化，积极推动社会主义精神文明建设，不断巩固全党、全国各族人民团结奋斗的共同思想道德基础。

党的十七届六中全会《决定》指出："我国仍处于并将长期处于社会主义初级阶段，人民日益增长的物质文化需要同落后的社会生产之间的矛盾仍然是社会主要矛盾。"满足人民基本文化需求是社会主义文化建设的基本任务。因此，必须大力发展公益性文化事业，让群众广泛享有免费或优惠的基本公共文化服务，保障基本文化权益。加强公益性文化事业建设，满足人民日益增长的精神文化需求是各级党委和政府的一项基本职责，也是社会文明进步的标志。

近年来，随着我国人民群众物质生活水平的不断提高，消费能力极大增强，对精神文化需求也日趋旺盛，传统文化与新型文化消费不断增加，文化消费总量快速增长，已经成为颇具特色的消费热点和扩大内需的重要增长点。"十一五"时期，全国文化产业年均增长速度在15%以上，比同期国内生产总值增速高6个百分点。与此同时，我国文化消费和文化产业发展还存在着一些矛盾和问题。目前，城乡居民文化娱乐消费支出占总消

费支出的比重逐年增大，但仍与经济发展水平不相适应。《决定》对扩大文化消费做出部署，其目的就是要不断适应城乡居民消费结构新变化和审美需求，创新文化产品和服务，鼓励和引导文化消费，提升文化消费规模和水平，从而满足人民日益增长的精神文化需求。

随着经济社会的发展，人民群众对文化的需求更为迫切，要求也更高。我们要适应这一新形势，树立新的文化发展观，加快建设文化强国，促进文化振兴，创造更多更好适应人民群众需求的优秀文化产品。要提升公共文化服务水平，繁荣发展哲学社会科学、文学艺术、新闻出版、广播影视等各项事业，加大政府对公益性文化事业和文化基础设施建设的投入，逐步健全覆盖全国的布局合理、设施完善、功能齐备、服务方便的公共文化服务体系。要加快发展文化产业，增强文化经济观念，完善文化产业政策，推动文化与经济的融合，形成一批竞争力较强、规模效益较好的文化产业集团。要深化文化体制改革，以政府为主导推进公益性文化事业单位内部改革，以市场为主导推进经营性文化事业单位转企改制，实现文化事业与文化产业、社会效益与经济效益的共荣共赢，努力形成文化良性健康发展的新局面。

四、增强文化自信

当今世界不同思想文化相互激荡，增进文化自信已经成为各国普遍关注的课题。没有哪一种文化在缺乏自信的状态下能够挺立与人类文明的潮头；没有哪一个民族和国家，不将培育激发文化自信置于提升文化力量、赢得文化优势的重要位置。我们所要增进的文化自信，是中华民族对于自我文化理想、价值、活力与前景的确信。[①]

文化自信是事关民族独立性的大问题，是坚定道路自信、理论自信、制度自信的重要支撑。要坚持弘扬中华优秀传统文化、革命文化和社会主义先进文化，推动文明交流互鉴，推进文化创新、创造，建设社会主义文化强国。

---

① 沈壮海. 文化自信的维度［J］. 求是，2017（5）：45.

党的十八大以来，以习近平同志为核心的党中央进一步丰富和发展了文化自信的思想，将文化自信与道路自信、理论自信、制度自信一起并称为“四个自信”。在庆祝中国共产党成立95周年大会上，习近平总书记强调指出：“文化自信，是更基础、更广泛、更深厚的自信。”这三个方面，即中华优秀传统文化、革命文化和社会主义先进文化有机交融，构成了文化自信的源泉，是我们坚定文化自信的基础和底气所在。坚定文化自信，就要深刻理解和把握文化自信的三大源泉。之后，党的十八届六中全会再次强调“坚定对中国特色社会主义的道路自信、理论自信、制度自信、文化自信。”那么我们的文化自信来自哪里？习近平总书记在七一讲话中指出：“在五千多年文明发展中孕育的中华优秀传统文化，在党和人民伟大斗争中孕育的革命文化和社会主义先进文化，积淀着中华民族最深层的精神追求，代表着中华民族独特的精神标识。”

（1）全面把握中华优秀传统文化的历史地位，深刻认识优秀传统文化的时代价值，大力弘扬优秀传统文化。数千年来，中华文化在长期的发展过程中，形成了讲仁爱、重民本、守诚信、崇正义、尚和合、求大同等核心思想理念，熔铸出忠勇爱国、孝老爱亲、崇德向善、见义勇为等传统美德，凝聚成以文化人、俭约自守、中和泰和等人文精神，造就了中华民族深厚独特的文化基因，既为中华民族生生不息、发展壮大提供了丰厚滋养，也为世界文明发展进步做出了巨大贡献。坚定文化自信，就要大力激活传统文化的时代内涵，不断增强传统文化在当代的影响力和感召力。

（2）大力弘扬革命文化。从井冈山精神、苏区精神、长征精神、延安精神、西柏坡精神，到大庆精神、航天精神、抗震救灾精神等，这些宝贵的革命文化精神，积淀、凝聚为艰苦奋斗、不怕牺牲的作风，成为催人奋进的动力，激励着人们在最艰苦、最困难的岁月里艰苦奋斗、奋发图强、顽强拼搏，取得一个又一个胜利。时至今日，这种艰苦奋斗、不怕牺牲的作风仍是社会主义建设获得成功的重要源泉。

（3）大力弘扬社会主义先进文化。社会主义先进文化是在建设有中国特色社会主义的改革实践中形成的，既深入植根于优秀传统文化的沃土，又继承发展了红色革命文化，积极借鉴吸收国外一切有益文化成果，从而形成了具有中国风格、中国特色的先进文化。改革开放30多年来，我们走出了一条具有中国特色的道路，创造出了一个又一个中国奇迹，取得了令世人瞩目的成就。这些充分说明社会主义先进文化符合先进生产力的发展要求，代表着历史发展的方向，具有蓬勃的生机和旺盛的生命力。这既是社会主义先进文化的优越性所在，也正是文化自信的源泉和动力所在。坚定文化自信，就要坚定不移地坚持社会主义先进文化的正确方向，进而大力弘扬以爱国主义为核心的民族精神和以改革创新为核心的时代精神，大力推动社会生产力的发展。

五、提升文化整体实力和竞争力

当今世界，先进文化不仅是引领前进方向、凝聚奋进合力、推动事业发展的重要力量，也是一个国家和地区经济发展和社会进步的主心骨、精气神、发动机。党的十七届六中全会《决定》指出："要开展多渠道、多形式、多层次对外文化交流，广泛参与世界文明对话，促进文化相互借鉴，增强中华文化在世界上的感召力和影响力，共同维护文化多样性。"党的十八大报告进一步提出，"要增强文化整体实力和竞争力。"这要求我们顺应经济社会发展新要求，顺应当今时代文化发展新趋势，顺应人民群众精神文化生活新期待，推动文化事业全面繁荣、文化产业快速发展。我们要从战略和历史的高度深刻认识中央这一战略部署的重大意义，以高度的历史责任感、使命感、紧迫感，顺应时代发展要求，大力推动中华文化走向世界，增强中华文化的整体实力和竞争力，创造中华文化新的辉煌。

思考题

1. 政府文化管理包括哪些内容？
2. 如何进一步深化文化体制改革？
3. 我国政府文化管理的目标有哪些？

参考书目

1. 中共中央关于全面深化改革若干重大问题的决定 .2013.
2. 孙萍 . 文化管理学［M］. 北京：中国人民大学出版社，2015.
3. 习近平 . 在庆祝中国共产党成立 95 周年大会上的讲话 .2016.

第二章

文化管理的途径

文化管理是政府全局工作的重要组成部分，为适应新的形势任务，政府要不断地探索文化管理的途径方法，实现文化管理的既定目标。

第一节 文化管理的指导思想和原则

坚持正确的指导思想和原则是做好政府文化管理工作的根本保证。政府文化管理要以马克思列宁主义、毛泽东思想、邓小平理论、“三个代表”重要思想、科学发展观为指导，深入贯彻党的十八大和十八届三中、四中、五中、六中全会精神和习近平总书记系列重要讲话精神。

一、文化管理的指导思想

为加快文化发展改革，建设社会主义文化强国，必须牢牢把握政府文化管理的指导思想，要坚持社会主义先进文化前进方向，坚持依法治国和以德治国相结合，坚持以人民为中心的发展思想和工作导向，坚持创新、协调、绿色、开放、共享的发展理念。

（一）坚持社会主义先进文化前进方向

社会主义先进文化是马克思主义政党思想精神上的旗帜，文化建设是中国特色社会主义事业总体布局的重要组成部分。文化管理必须坚持党对文化工作的领导，坚持中国特色社会主义文化发展道路。要牢牢把握社会主义先进文化前进方向，坚持以社会主义核心价值观为引领，把“中国梦”和社会主义核心价值观贯穿到文化建设各领域各环节。坚持为人民服务、为社会主义服务，坚持百花齐放、百家争鸣，坚持继承和创新相统一，坚持法治和德治相结合，弘扬主旋律、提倡多样化。要坚持把社会效益放在首位、社会效益和经济效益相统一。各级党委和政府要切实担负起文化管理的政治责任，要建立健全党委统一领导、党政齐抓共管、宣传部门组织协调、有关部门分工负责、社会力量积极参与的工作体制和工作格局，形成文化建设的强大合力。

（二）坚持以人民为中心

文化建设与管理要坚持以人民为中心的发展思想和工作导向，充分发挥人民主体作用，坚持共建共享，努力利民惠民，着力提高人民群众文化参与度，提升国民素质和社会文明进步，促进人的全面发展。以人民为中心，就是要贴近实际、贴近生活、贴近群众，以服务人民为根本宗旨，以满足人民群众精神文化需求、促进人的全面发展为根本目的，以人民群众为根本依靠力量，以发展文化事业和文化产业、提高文化产品和服务的供给能力为根本途径，以人民群众满意不满意为衡量工作成效的根本尺度，建立健全面向群众、服务群众的体制机制，多提供人民需要的文化产品和服务，多做有利于保障人民基本文化权益的事，让文化发展成果惠及全体人民。

（三）坚持新发展理念

为促进文化建设科学发展，文化管理要坚持创新、协调、绿色、开放、共享的发展理念。一要坚持创新发展。要加大改革力度，全面推进文化内容形式、方法手段、载体渠道、体制机制、政策法规等创新，激发动力、增强活力、释放潜力，推动其出精品、出人才、出效益。二要坚持协调发展。要统筹城乡、区域文化发展，统筹文化发展、改革和管理，正确处理政府与市场、国有与民营、对内与对外等重要关系，促进文化事业全面繁荣、文化产业更好发展、优秀传统文化传承弘扬。三要坚持绿色发展。要尊重规律，增加优秀精神文化产品和优质文化服务供给，净化社会文化环境，提升文化产业发展质量和效益，推动形成绿色发展方式和生活方式。四要坚持开放发展。要推动中华文化“走出去”，提高国际传播能力，更好地发出中国声音、展现中国精神、提出中国主张，借鉴吸收世界有益文化成果，深化不同文明交流互鉴。五要坚持共享发展。要面向基层，贴近群众、依靠群众、服务群众，保障人民基本文化权益，满足人民群众日益增长的精神文化需求，提高群众文化参与度和获得感。①

① 中共中央办公厅、国务院办公厅．国家“十三五”时期文化发展改革规划纲要．2015.

二、文化管理的原则

政府文化管理的原则，即政府在进行文化管理时应遵循的准则和法度。一般来讲，应遵循以下三个原则。

（一）间接管理原则

间接管理是指与指令性、强制性的直接管理相对而言的一种保持距离、适度分权，允许被管理者有一定自主性的管理方式。坚持“间接管理”原则就是要杜绝政府对文化活动的直接干预，放开政府不要管、不该管、管不了、管不好的事情。这就要进一步转变政府职能，按照建设法治型政府和服务型政府的要求，推动文化行政管理部门逐步由管微观向管宏观转变，由办文化为主向管文化为主转变，逐步实现政事分开、政企分开、管办分开。政事分开，就是政府行政职能与公共文化事业运作功能分开。政企分开，就是政府与企业职责分开。管办分开，就是监管文化事业与举办文化事业职能分开。政府的作用主要是“掌舵”而不是“划桨”，政府在文化建设中主要应该起引导作用，而不是事无巨细，大包大揽，全盘直接管理。因此，政府文化管理首先应该坚持“间接管理”的原则。

我国传统的文化事业管理体制，基本上是国家政府部门统包供给、统一所有、统一经营，国家同时承担文化事业的所有者、经营者、管理者等多重角色与职能，造成国家文化事业职能扩大化和政事不分的局面。这种体制的弊端，一方面是国家包办的文化事业范围太广；另一方面国家文化事业单位成为政府机关的附属物，缺乏自我发展、自我约束的动力、活力与压力，文化事业生产服务效率低下。一是坚持“间接管理”的原则，减少了政府机构的行政事务，保证了政府工作的高效运作。二是政府机构不直接与文艺团体发生关系，有利于检查监督的到位。三是非政府公共文化机构独立于政府之外，是非政府、超党派的独立中介组织。这类组织成员多由艺术方面和文化产业方面的中立专家组成，独立履行职能，避免过多受政府行政干预，有利于保护艺术创作者的艺术自由，调动文化工作者的积极性，从而使文化发展尽可能保持其延续性。四是按照“间接管理”的原则，文化管理的权力具体由艺术委员会行使，艺术委员会由专家组成，哪些艺术团体优秀，哪些艺术品种、艺术作品需要支持，不是政府决定，而是艺术委员会的专家们决定。这样，政府对于文化事务没有具体的权力，从根源上杜绝了权力寻租，避免了权力腐败，保证了政府文化管理工作的效力。

政府在文化建设中的作用，主要体现在提供公共文化服务和为各类文化主体发展创造良好的政策环境、法制环境和市场环境等方面。具体来讲，就是政府要履行好“公共服务、政策调节、社会管理、市场监管”的职能。公共服务，即政府必须切实承担起提供公共文化服务、保障人民基本文化权益的职责，把建设公共文化服务体系纳入经济社会发展总体规划中，依靠公共财政投入为主建设公共文化服务体系，扶持公益性文化单位，建设文化基础设施，购买文化产品用于公共文化服务，建立健全公共文化设施免费开放的财政保障机制，不断提高公共文化产品和服务的供给能力。政策调节，即政府要在深入调查研究基础上，科学制定文化发展规划，制定引导和推动文化事业和文化产业发展的政策措施。社会管理，即要建立健全党委领导、政府管理、行业自律、企事业单位依法运营的文化管理体制和富有活力的文化产品生产经营体制机制，推进政企分开、政资分开、政事分开、政府与市场中介组织分开，推动形成行为规范、运转协调、公正透明、廉洁高效的管理体制，为各类文化主体创造良好的发展环境。市场监管，即政府主管部门必须切实担负起文化市场监管的职责，提高文化市场监管能力和水平，确保文化市场繁荣有序。

（二）效益原则

在社会主义市场经济条件下，文化产品既有教育人民、引导社会的意识形态属性，也有通过市场交换获取经济利益、实现再生产的商品属性、产业属性、经济属性。在“两种属性”中，意识形态属性是文化产品的特殊性，商品、产业、经济属性是文化产品的普遍性。不能因为文化产品具有商品的一般属性，就忽视其意识形态的特殊属性；也不能因为文化产品具有意识形态的特殊属性，就排斥其商品的一般属性，而是要把两者统一起来。

按照“两种属性”的关系，把文化事业单位分成公益性文化事业和经营性文化产业两类，再进行有区别的“分类管理”，要求我们必须正确认识和处理“两个效益”，即社会效益与经济效益的关系。不论是公益性文化事业，还是经营性文化产业，都要突出文化育人的功能，都要发挥文化陶冶情操、凝聚力量、提振信心、鼓舞士气的功能。公益性文化事业、经营性文化产业，只是文化形式的差别、载体的不同，而承载的任务是一致的，那就是必须以传播社会主义先进文化为己任。因此，文化建设必须坚持社会主义先进文化前进方向，不断丰富人们的精神世界，增强人们的精神力量，始终把社会效益摆在首位。

发展公益性文化事业，就是要追求社会效益的最大化，不搞产业化，但也要在内部引入激励机制，改善服务。发展经营性文化产业，就是要在把社会效益放在首位的前提下，努力实现社会效益与经济效益的有机统一，当经济效益同社会效益发生冲突时，经济效益要服从社会效益。在社会主义市场经济条件下，检验经营性文化产业产品和服务“两个效益”相统一的一个重要标准，就是人民群众喜欢不喜欢、是否愿意花钱购买。购买优秀文化产品的人越多，受教育的面就越大，经济效益越好，社会效益也就越广泛。从这个意义上说，没有经济效益，社会效益也是空的。但如果文化产品不讲社会效益，不符合人民群众健康有益的文化需求，即使暂时会谋利，但终会被边缘化直至被逐出市场，经济效益也就无从谈起。因此，实现社会效益与经济效益相辅相成、相互促进、有机统一，是经营性文化产业可持续发展的重要条件。要鼓励经营性文化单位创新体制机制，把面向群众、面向基层、面向农村与面向市场统一起来，认真做好市场调研，准确把握群众需要，在占领市场的过程中更好地服务群众，在服务群众的过程中更多地赢得市场，努力实现社会效益与经济效益的最大化。

（三）法制化原则

依法行政，首要的问题就是行政管理的法制化。

政府文化管理坚持法制化的原则是依法治国、依法行政的内在要求，也是国家政治、经济、文化发展战略的组成部分。

政府文化管理行为法治化，有利于大力发展先进文化、支持健康文化、改造落后文化、抵制腐朽文化；有利于引导人们在遵守基本文化行为准则的基础上，追求更高的思想道德目标；有利于发展公益性文化事业和经营性文化产业，完善文化产业相关政策，推进深化文化管理体制改革；有利于保证政府有效行使职能，充分调动各方面的积极性，保持经济社会快速、稳定、协调发展。

政府文化管理行为法治化，是指政府对文化的管理，在体制上、制度上依照法律、法规办事，在法律允许的范围内规范权力行为。无论是经济调节、市场监管，还是社会管理、公共文化服务，都要建立在依法行政的基础之上，避免以言代法、以权代法。通过法律的约束，形成行为规范、运转协调、公正透明、廉洁高效的政府文化管理运行机制。

第二节　行政方法

在文化管理中运用行政管理方法，是指政府文化管理部门和领导者运用强制性的指示、命令、规定等手段，按照行政组织和层次从上到下对管理对象和下级管理部门发号施令，进行管理的方法。通过行政方法对文化建设进行规划、监督、评估，并采取措施纠正偏差，可以防止文化建设偏离宗旨，保证文化发展的基本方向以及文化消费的合理发展。行政管理方法在文化管理中表现为以下五个方面。

一、制定战略规划

制定文化发展战略规划是政府实施宏观管理的主要途径。文化战略规划是政府对文化施加影响将文化发展纳入社会总体规划的一种文化总体发展战略，其实质就是从文化和社会的协调发展来选择文化发展的思路和对策。它规定了文化建设的总体目标、重点、阶段、布局及投资方向和运行方式，并进一步提出落实规划的实施方案和工作安排。通过制订发展计划与规划，确定各项文化项目的发展目标和实现这些目标的保障措施，引导文化资源合理流动、合理配置，以体现政府在文化工作中提倡什么、允许什么、反对什么的意志。

制定文化发展规划要有明确的定位，要科学、理性地在文化发展过程中找准自身的目标定位，避免因定位不清晰带来的各种问题。在制定文化发展规划时还要坚持适度原则，要实事求是，不可盲目求全求快，要将阶段性目标和要求与功能定位相统一。既要立足于文化现有的状况、条件、实力，准确把握文化资源和发展环境基本情况，又要有前瞻性的思考，确定经过努力可以达到的目标，切忌因循守旧、裹足不前。制定文化发展规划还要坚持开放性与地域性相结合、历史文化与现代文化并重的原则，既要充分彰显、符合、保护地方的历史文化特色，又要融入国际文化，充分体现开放城市的现代化风貌，与时代发展同步。比如，在《中华人民共和国国民经济和社会发展第十三个五年规划纲要》（以下简称“十三五”规划纲要）中，文化及文化发展再次被写入规划中，并放在重要位置着重提出。其中关于文化产业的发展目标，“十三五”规划纲要中明确提出：“文化产业成为国民经济支柱性产业。中华文化影响持续扩大。”相比“十二五”规划纲要中提出的“推动文化产业成为国民经济支柱性产业”，从“推动”到“成为”，一词之变，意味着在“十三五”时期要大力推进文化产业发展，文化产业将在国民经济发展中发挥更为重要的作用。为了贯彻落实《推动共建丝绸之路经济带和21世纪海上丝绸之路的愿景与行动》，加强与“一带一路”沿线国家和地区的文明互鉴与民心相通，切实推动文化交流、文化传播、文化贸易创新发展，文化部编制了《文化部“一带一路”文化发展行动计划（2016—2020年）》，该行动计划为“一带一路”文化建设工作的深入开展绘制了“路线图”。具体包括“一带一路”国际交流机制建设计划、“一带一路”国内合作机制建设计划、“一带一路”沿线国家中国文化中心建设计划、“一带一路”文化交流合作平台建设计划、“丝绸之路文化之旅”计划等12项子计划。2017年5月7日中共中央办公厅、国务院办公厅印发的《国家“十三五”时期文化发展改革规划纲要》中指出：“面对新形势、新要求，要进一步坚定文化自信，增强文化自觉，奋力开创中国特色社会主义文化建设新局面，为做好党和国家各项工作提供强大的价值引领力、文化凝聚力和精神推动力。”

二、制定方针政策

文化政策的制定是国家政权机关、政党组织以权威形式标准化地规定在一定的历史时期内，文化发展应该达到的奋斗目标、文化发展应该遵循的行为原则、文化发展完成的明确任务、实行的工作方式、采取的一般步骤和具体措施。制定方针政策既是政府的主要职能，也是政府实施行政管理的基本依据和效力保证。文化政策的制定是实现国家对文化有效监管和指导的有效途径，是国际社会普遍化的政治行为，文化政策条例是否与社会文化发展相适应直接关系到一个国家文化的发展，以及物质文明建设、精神文明建设和人民的生活品质的改善。通过制定科学合理的文化政策，把国家政策和市场机制结合起来，把市场失灵和缺陷所带来的产业效率损失减少到最小程度，提升公益性文化事业和经营性文化产业发展水平；文化政策、条例的制定还可以有效配置文化资源，公平分配文化利益，促进文化发展和社会全面进步。文化政策与人民群众的生活息息相关，尤其是现在文化发行传播的方式有了革命性的进步，人们日常看报纸、听广播、看电视，新闻的品质高低、言论的公正与否，都与文化政策法规有关。可以说，文化政策条例影响着生活内容和生活品质。

文化建设的方针政策包括文化投入与扶持政策、文化价格政策、文化产业政策以及社会捐助与文化保障政策等。按照分类管理的原则，对公益性文化事业，要以政府为主导，以公共财政为支撑，采取普遍支持和重点扶持相结合的方针政策，将文化事业的发展纳入当地国民经济和社会发展的总体规划之中，统筹协调、合理安排；公共图书馆、博物馆、文化馆、革命历史纪念馆等公益性文化事业机构，以及反映国家和民族文化艺术水平的精神产品创作机构和国家重点文物保护单位，代表地方、民族特色的文化艺术团体等，是政府在投入扶持政策上应关注的重点。对于经营性文化产业，根据文化产业发展的潮流，制定促进我国文化产业的政策措施。2005 年 1 月，国家《文化及相关产业统计指标体系框架》发布实施。2005 年 2 月底，国务院发布了《关于鼓励、支持和引导个体私营等非公有制经济发展的若干意见》，明确指出："支持、引导和规范非公有资本投资教育、科研、卫生、文化、体育等社会事业的非营利性和营利性领域。”2005 年 4 月，国务院颁布了《关于非公有资本进入文化产业的若干决定》，明确鼓励和支持民营资本进入文化产业，包括文艺表演团体、演出场所等 18 个行业，并在股权比例和相关领域等方面对民营企业进一步放宽。随着文化产业政策的不断优化，我国的演艺娱乐、艺术品、文化旅游、动漫游戏、网络文化等行业蓬勃发展，人民群众文化消费活跃，社会力量投资文化产业热情高涨，文化产品和服务丰富多样。为贯彻党的十七届六中全会精神，2012 年 2 月文化部正式向社会发布了《文化部“十二五”时期文化产业倍增计划》，该计划提出了加大政府投入、完善政策法规体系等六个方面的保障措施，旨在加强对文化产业发展的政策保障和体制机制保障，全面创造有利于文化产业跨越式发展的良好环境。

为深入挖掘和阐发中华优秀传统文化的时代价值、优化文化产业布局、推动区域经济社会发展，文化部、财政部联合印发了《关于推动特色文化产业发展的指导意见》，明确了特色文化产业发展的总体要求、主要任务和保障措施。随着“放管服”改革的深入推进，文化产业也因此释放出不少的红利。2016 年 1 月、6 月和 12 月，国务院下发文件分三批共取消了 222 项职业资格许可和认定事项，其中演艺、美术和摄影等涉及多项文化艺术，还有多部“过时”的政策法规被修改和废止，多项行政性税费项目被取消。不仅如此，大力推行“互联网＋政务服务”，使信息透明、协同共享，企业和群众的办事效率也大大提高。文化部编制的《文化部“十三五”时期文化发展改革规划》中指出：“十三五”期间，以文化产业成为国民经济支柱性产业为目标，支持实施一批具有示范带动效应的重点文化产业项目，培育一批集聚功能和辐射作用明显的国家级文化产业园区，打造 3～5 个市场化、专业化、国际化的重点文化产业展会。这就意味着在接下来的五年当中我们过去所强调的倍增计划可以继续的往前推进，但是不能只强调文化数量上的支柱性，必须要以新发展理念为引领，全面提高文化产业发展的质量和效益，推动社会主义文化大发展大繁荣。总之，我国在具体政策措施上为大力发展文化产业提供了很大的政策支持和更大的发展空间。

三、制定规章制度

文化管理规章制度的制定主要是指国务院组成部门及直属机构，省、自治区、直辖市人民政府及省、自治区政府所在地的市和经国务院批准的较大市的人民政府，或者是社会组织、社会团体、企事业单位，为实施文化管理，规范文化工作、活动和有关人员行为，在它们的职权范围内，为执行法律法规、文化发展事项或属于本行政区域的具体文化行政管理事项而制定的规范性文件。在市场经济条件下，文化活动的开展并不总是有序的，营造公平的竞争环境，保证各项文化活动按照正常秩序进行，是政府文化管理的基本目标，也是文化事业和文化产业稳定健康发展的基本条件。因此，要制定规章制度，监督各文化单位或个人遵守国家法律法规和规章，采取鼓励、允许、限制、禁止等手段，防止文化建设偏离宗旨，并采取措施纠正偏差，对违反规定的行为进行惩处，以保证文化发展的基本方向。

文化管理规章制度的制定要依据相应的法律法规来设计，要以文化管理的法律法规为依据，严格按照文化管理准则和国际通用的文化管理准则中的有关规定进行。文化管理规章制度的制定还要准确务实，要具有通用性和实用性，不仅需要保证语言文字的准确性，还需要使得规章制度的内容反映现阶段文化发展战略。不同的文化管理领域制定规章制度时，要具有创新性和可行性，考虑到不同文化领域发展重点的差别，体现出不同的控制监督特点，合理推进文化管理事务的进步，提高文化管理工作的有效性。比如，文化部根据《全国人民代表大会常务委员会关于维护互联网安全的决定》和《互联网信息服务管理办法》以及国家法律法规的有关规定，对《互联网文化管理暂行规定》进行了重新修订，并于2011年4月1日起施行。《互联网文化管理暂行规定》属于文化部部门规章的范畴，共计34条。该规章的出台是适应互联网发展的新形势，履行文化行政部门新职责的重要举措，为进一步规范网络文化经营秩序、促进网络文化健康繁荣发展提供了有力保证。随着移动互联网的快速发展，国家互联网信息办公室根据《全国人民代表大会常务委员会关于加强网络信息保护的决定》和《国务院关于授权国家互联网信息办公室负责互联网信息内容管理工作的通知》，于 2016 年 6 月 28 日发布了《移动互联网应用程序信息服务管理规定》，为加强对移动互联网应用程序（APP）信息服务的管理，保护公民、法人和其他组织的合法权益，维护国家安全和公共利益提供了保障。

四、规范文化市场

规范文化市场，实际上是为了营造一个有利于企业生存和发展的公平竞争、公平交易的文化市场环境。对文化市场的规范，可以采用多种手段，如法律的、经济的、行政的，等等。在行政手段的实施中，政府主管部门主要在文化市场的三个方面把关：一是设置市场准入门槛，严把经营许可关。即负责审批文化市场经营主体的经营资格、经营范围和从业人员的职业资格，及审批各种文化贸易交流活动。二是对文化产品进行审查，监控产品质量。这依赖于建立文化产品审查标准，并根据标准进行审核、查验。三是监督文化企业的经营行为，进行文化市场稽查。其目的是维护文化市场经营秩序，促进文化市场良性发展。①

五、开展服务指导

建设服务型政府，是我国行政管理体制改革的主要目标。做好政府对企业的、对居民的服务是服务型政府建设的主要内容。政府由于其特殊地位，比较容易全面有效地收集与处理信息，具有信息量大、信息准确率高、分辨决策能力强等优势。因此，要发挥文化行政职能，积极开展调查研究，定期或不定期发布信息，面向社会广泛开展政策法规咨询，做好对各类文化单位、特别是对基层文化单位及其工作人员的指导服务工作，让工作在文化建设第一线的人员了解国家的相关政策，为文化建设和文化工作者的才华展现提供应有的服务。

---

① 高永贵．文化管理学［M］．北京：北京大学出版社，2012：23.

行政方法离不开命令和指示，其带有很大的主观性。因此，在文化的管理方法上，采取行政方法较多，法律和经济方法运用的不够，容易导致文化发展缺乏活力、产业弱小、竞争力差。在社会主义市场经济条件下，运用行政管理方法一方面要注意逐渐减少对微观文化领域的直接干预，将管理重点越来越多地放在对全局性、整体性文化发展进行宏观调控上；另一方面要注意在文化管理中，行政方法要与法律、经济等方法协同使用。

第三节 法律方法

法律方法是文化管理的一个基本方法，即对文化生产中带有规律性的原则、制度和方法，用国家法律、法令、条例的形式固定下来，政府文化管理部门按照这些法律法规来履行管理职责、依法行使职权，从而将这些法律法规贯彻落实到文化建设中。使用法律方法对文化进行管理的特点是强调以宪法、法律、法规为准则，其规范性强，同时具有普遍的约束力。现阶段，文化已成为我们生活中的重要组成部分，是影响、改变社会关系和社会结构，影响国家发展和社会稳定的重要因素。因此，通过立法方式管理文化领域的事务十分必要。

公益性文化事业和经营性文化产业是现代文明社会中获得基本法律保护的领域，把文化事业和文化产业生产经营活动纳入规范化、法制化轨道，是许多国家在文化管理上的普遍做法。

一、文化管理法律法规

近几年，在《中华人民共和国宪法》（以下简称《宪法》）的基础上，我国在文化领域先后制定了一系列的法律法规，如《中华人民共和国著作权法》《中华人民共和国文物保护法》《中华人民共和国专利法》《电影管理条例》《广播电视管理条例》《出版管理条例》《印刷业管理条例》《中华人民共和国广告法》等，并制定了一些配套的实施细则，这些都为文化管理工作的开展提供了强有力的依据，也说明我国的文化法律法规的制定工作取得了一定的进步。2016 年 12 月 25 日通过的《中华人民共和国公共文化服务保障法》是我国文化立法上的重大突破，它不仅为各级政府推进文化治理能力现代化提供了基本的法律依据，也为维护人民群众的基本文化权益、满足精神文化需求提供了法律保障。

（一）文化立法方面

文化立法，就是国家制定有关文化的法律、行政法规和文化行政规章。我国的文化法律体系是以宪法为核心，以文化法为主要内容，横跨行政法、民法、商法、经济法、社会法、刑法和诉讼法等多部门多层次的规范体系。它在结构上包括三个部分。

1. 宪法

《宪法》关于国家基本制度和发展文化事业及保障公民享有从事文化活动的权利的规定，为文化法制建设提供了基本原则。《宪法》规定，“国家发展为人民服务、为社会主义服务的文学艺术事业、新闻广播电视事业、出版发行事业、图书馆、博物馆、文化馆和其他文化事业，开展群众性的文化活动”“国家保护名胜古迹、珍贵文物和其他重要历史文化遗产”；《宪法》保障公民享有进行科学研究、文学艺术创作和其他文化活动的权利，保障公民享有言论、出版的自由和宗教信仰的自由。《宪法》的这些规定，既是建立文化法律体系的依据，又是文化法律体系的一部分，为我国的文化发展提供了保障。

2. 文化法

文化法是根据宪法制定的调整国家文化管理和社会文化生活中发生的各种社会关系的法律规范的总称。目前，已经制定的关于文化方面的法律法规中，《中华人民共和国文物保护法》是中国重要的文化法律之一，它对文物的保护、利用和研究做出了全面规定。《中华人民共和国电影产业促进法》对提高我国电影发展水平、进一步规范电影产业秩序，具有非常重要的意义。在演出、广播、电视、出版等方面，国务院也制定了大量的行政法规，它们对保障公民享有的言论、出版等民主权利具有重要作用。

3. 相关的部门法律

相关的部门法律包括行政法、民法、商法、经济法、社会法、刑法和诉讼法等。其中，行政法关于国家文化行政管理部门职责权限的规定是文化管理的法律依据。民法关于市场主体资格，市场主体的权利、义务和行为的一般原则的规定，为文化产品交换的存在和运作奠定了法律基础。目前，国家已经制定的适用于文化产品交换的民事法律规范主要有《中华人民共和国民法通则》《中华人民共和国合同法》《中华人民共和国著作权法》等，其中《中华人民共和国著作权法》为保护文学、艺术和科学作品、作者的著作权，以及与著作权有关的权益提供了法律保障，鼓励了有益于社会主义精神文明、物质文明建设的作品的创作和传播，促进了社会主义文化和科学事业的发展与繁荣。商法中的公司法、保险法等法律规范对文化市场也具有普遍的约束力。经济法是调整因国家从社会整体利益出发的市场干预和调控所产生的社会经济关系的法律规范的总称。文化产品交换与一般商品的交换相比有其特殊性，它以追求社会效益为首要目标，因此，许多重要的经济法是保障文化产品正常流通的法律调控手段。如《中华人民共和国反不正当竞争法》可以维护竞争秩序，遏制对知识产权的侵犯。社会法调整因维护劳动权利、救助失业者而产生的各种社会关系，它在保障文化从业者的劳动权利和社会权利方面，具有十分重要的作用。《中华人民共和国刑法》对传播精神文化垃圾、破坏文物犯罪行为等违法犯罪活动，做出了一系列重要规定对其加以控制。

（二）文化执法方面

执法是指国家行政机关依照法定职权和法定程序，行使行政管理职权、履行职责、贯彻和实施法律的活动。目前，随着我国社会主义市场经济体制的不断完善，文化市场规模不断壮大，繁荣的文化市场对于市场的管理提出了更高的要求。因此，我国需要继续将文化市场作为行政执法的重点，集中打击走私影片发行放映、音像制品走私、盗版和娱乐场所色情陪侍等违法活动。加大对盗窃、走私文物犯罪活动的打击力度。目前，文化市场行政执法依据主要有《互联网上网服务营业场所管理条例》《音像制品管理条例》《娱乐场所管理条例》《营业性演出管理条例》等在内的相关法律法规，共计 10 余部，经过逐年的发布和修订，已经形成了一个比较完善的法律体系。

我国文化市场综合执法改革历时 8 年，并于 2011 年年底基本完成，副省级及以下城市基本组建了文化市场综合执法机构，改变了文化市场分头管理、多头执法状况。通过文化市场综合行政执法改革，各地建立了一套新型的文化市场综合行政执法体系，文化市场依法管理、科学管理和有效管理水平进一步提高，初步建立了“权责明确、行为规范、监督有效、保障有力”的文化市场综合行政执法体制。

为深化文化体制改革和落实依法行政，文化部制定了《文化市场综合行政执法管理办法》。该办法是我国首部专门针对文化市场综合行政执法工作进行管理和规范的部门规章，全面阐述了文化市场综合行政执法的定义，规定了综合执法机构的职责和执法人员的条件、执法工作应遵守的程序、执法监督的内容和方式、应当追究责任的情形及责任追究形式，共计 5 章 44 条，为加强文化市场管理和维护文化市场有序发展起到了极其重要的作用。

二、完善文化管理法律立法

尽管我国文化法制建设成就显著，但是，我国文化法律法规还不能满足目前文化建设快速发展的需要，与文化建设密切相关的许多重要法律尚属空白，某些领域还存在着“无法可依”的情况。例如，由于缺少“新闻法”，对采访权、报道权、隐私权等没有明确的规定，导致舆论监督环境不能很好保证。我们要认识到加强文化立法工作的重要性和紧迫性，应在现有文化法律资源基础上，继续加强我国文化立法的理论探索和立法实践，抓紧制定和完善一批与文化建设与管理密切相关的法律法规。

（一）坚持正确的指导思想

文化立法要“在充分考虑中国文化的历史传统、现实发展、民族特色和区域经济、文化发展的不平衡性的前提下，根据文化发展的实际需要，确定文化立法的目标、内容和步骤，制定和完善文化法规。”①

在立法指导思想上，要以邓小平理论、“三个代表”重要思想、科学

① 文化部．文化立法纲要：第二部分．1999.

发展观、党的十八大精神和习近平系列讲话精神为指导，坚持社会主义先进文化前进方向，坚持为人民服务、为社会主义服务的方向和“百花齐放、百家争鸣”的方针，始终把社会效益放在首位，做到经济效益和社会效益相统一，更好地保障人民群众基本文化权益，更好地反映文化发展的内在规律，为社会主义文化大发展大繁荣提供法律保障。这就必然要求在立法思路上，要将立足点放到维护法人的文化生活参与权、公共文化消费权、文化创造权和文化成果保护权上来；并且将立法的重点从便于行政管理转变到促进文化发展和艺术繁荣上来，保证行政权力的运用有利于文化发展。

（二）完善立法框架和内容，加强立法的权威性

文化立法是一项复杂的系统工程，目前我国还存在着国家立法少、部门规章多，基本法律少、单行法规多，管理规范多、权利保障少的立法情况。要认真论证立法建议，提高法规立项的科学性。法规草案应当符合党和国家的方针政策；内容要完整、明确、具体；规定宽严有度、简繁得当、针对性强、切合实际，有可操作性。在立法框架和内容上，要逐步形成和健全以文化基本性法律为基础，以专项文化法律和行政法规为骨干，以部门规章和地方性文化法规为补充的科学合理、层次分明、功能齐全、配套完善的中国特色社会主义文化法律框架体系。要把文化建设和管理纳入法制化轨道，积极推进文化立法进程，建立健全与社会主义市场经济体制相适应的文化法规体系。

（三）健全文化产业法律法规，推动文化产业发展

文化产业立法是制定调整文化产业领域的各种社会关系的法律规范的活动。应统筹兼顾，整体推进。制定政策时要注意与相邻部门的协调、统一，构建良好的文化法律法规环境。要在确立文化产业立法指导原则的同时，强调文化产业市场发展的引导作用，规范、细化系统层面的立法，构建一整套相对完整具有自己特定调整对象和范围的文化产业法律体系。尽快制定我国文化产业基本法。基本文化法律是在它所涉及的领域内起统帅作用的法律，基本文化法律制约了该领域内的各项单行文化法规。通过文

化产业的基本法，以法律的形式，将现行行之有效的各种促进性政策措施予以固定化、统一化，然后在此基础上建立具体领域的文化法律法规。文化事业、文化产业包括不同的门类，每一门类下又包含许多小门类，它们都有自己的特殊之处，可在基本法的精神下分别规定各个产业的相关制度。同时，又要制定完善各文化产业的基本法律、行政法规、地方性法规。立法要强调结合文化市场发展，结合市场文化产品生产和流通中的新形势，因地制宜、因时制宜地制定出符合我国国情的并在实践中有生命力的文化方面的法律法规。要强调对盲点的补充，根据市场文化产品的发展，注意加强对文化产业立法空白领域的调查研究，尤其是对一些文化建设中由于高新科技发展而出现的空白领域，法律法规要适应该领域快速发展的要求。只有这样的文化法律法规才能保证文化政策的实行，同时创建良好的文化管理法律法规环境。

(四) 推进文化事业立法，促进文化事业全面繁荣

文化事业立法是制定调整文化事业领域的各种社会关系，规范和促进文化事业组织发展的各种规范性法律文件的活动。长期以来，我国的文化事业立法薄弱，与社会主义文化大发展大繁荣、构建现代公共文化服务体系的要求不相适应。党的十八届四中全会把建立健全保障人民基本文化权利的文化法律制度纳入了全面依法治国的总体布局，提出制定公共文化服务保障法，促进基本公共文化服务标准化、均等化的任务。2016 年 12 月 25 日第十二届全国人民代表大会常务委员会第二十五次会议通过了《中华人民共和国公共文化服务保障法》，是继《文物保护法》、《著作权法》、《非物质文化遗产法》颁布实施和《电影产业促进法》出台以来，文化领域的又一部重要的基础性法律，为保障人民群众享有均等和系统的公共文化权益提供了法律依据。人民群众基本文化权益和基本文化需求实现了从行政性“维护”到法律“保障”的跨越，公共文化服务将实现从可多可少、可急可缓的随机状态到标准化、均等化、专业化发展的跨越。现阶段，还应加快制定“公共图书馆法”“公共文化设施法”“博物馆法”等法律法规，规范文化事业单位运行，提高其提供公共文化服务的能力和水平。

文化权利立法是制定有关公民、特定公民群体文化权利保护的法律规范的活动。文化立法应侧重于保护公民的文化权利，合理界定文化管理部门的职能、职责和管理权限。如果说文化事业立法、文化产业立法是以组织为基本主体，那么文化权利立法则是以公民个体或公民群体为基本主体，其主要强调对公民重要的文化权利提供专门的法律保护。我国当前需要抓紧制定的文化权利保护方面的法律法规主要应包括少数民族文化权利保障法、文艺创作权利保障法等。①

（五）提高立法的严密性，增强法律的可操作性

随着文化事业、文化产业的发展，我们要不断完善文化法律法规。文化涉及面广，这就决定了文化立法不仅要注意自身法律、法规、规章和政策的统一性，更应注意与其他部门法的协调和配合。文化立法方法上，首先要对已经颁布实施的文化方面的相关法律法规进行梳理，同时还要对行政法、民法、商法、经济法、社会法、刑法和诉讼法等多部门多层次的规范体系进行再研究，使文化立法与整个的法律系统有效衔接、统一协调，提高法律法规的严密性；制定的法律、法规、规章和规范性文件应具备明确性、可操作性，对现行有效的文化市场法律、法规、条例等的有关规定做进一步细化和调整，以便于文化行政执法部门在执法实践中具体掌握和操作。

总之，加强文化立法，是文化体制改革的重要任务，是规范文化行为的前提。文化事业、文化产业的发展离不开法制的保障，构建科学合理、层次分明、配套完善的文化管理法律法规的框架体系，加强文化执法，充分发挥法律在文化管理的事前、事中、事后的引导、制约、控制作用，是促进我国文化大发展大繁荣的根本保证。

第四节　经济方法和其他方法

除行政方法和法律方法外，文化管理还有经济方法和舆论引导、思想

① 周叶中．加快文化立法是建设社会主义文化强国的必然选择［J］．求是，2012（6）．

教育、技术等方法。

一、经济方法

文化管理的经济方法是指根据文化生产经营规律和客观经济规律，运用投资、税收、价格、利息、工资、奖金、罚款等经济杠杆和价值工具，对文化相关各项工作进行管理，通过对经济利益的调整而影响和调节文化建设活动，以实现经济效益和社会效益有机结合的一种管理手段。该方法发挥了经济调控对文化发展的扶持、引导和拉动作用，为公益性文化事业和经营性文化产业发展注入资金，吸引社会资本的流向起到了市场调节的积极作用。在市场经济条件下，经济方法是最基本的一种文化事业管理方法。经济方法具体表现在以下五个方面。

（一）财政扶持

当前和今后的一个时期，各级政府应继续实行支持文化事业发展的有关政策，要加大财政文化投入力度，建立健全财政文化投入稳定增长机制。

1. 重点支持公益性文化事业建设

要以政府为主导、以公共财政为支撑，把主要公共文化产品和服务项目、公益性文化活动纳入公共财政经常性支出预算，中央和地方财政对文化事业投入要随着经济的发展逐年增加，增加幅度不低于同年财政收入增长幅度。重点加强农村地区和中西部贫困地区公共文化服务体系建设，加快推进基本公共文化服务均等化。中央、省、市级财政要设立农村文化建设专项资金，对村级公共文化设施设备更新维护和开展农村文体活动要按照一定标准予以补助。

要支持公益性文化事业单位深化劳动人事、收入分配、社会保障制度改革，促进其提高公共服务水平。要采取政府采购、项目补贴、定向资助、贷款贴息、税收减免等政策措施鼓励各类文化企业参与公共文化服务。

支持优秀传统文化保护，中央财政将进一步加大投入力度，大幅增加文化遗产保护资金投入，地方财政也要相应增加投入，支持文化遗产地、重点文物保护单位、可移动文化保护、水下文化遗产保护和非物质文化遗产保护，大力推进红色文化资源保护等。加强文物安全工作，支持文化典籍整理和出版工作，推进文化历史资源数字化。

2. 支持优秀文化产品创作和对外文化传播

设立“国家文化发展基金”，扩大有关文化基金和专项资金规模，鼓励和引导优秀文化作品创作和人才培养，支持提高中华文化的传播力和影响力，推动开展对外文化交流活动，支持重点媒体加强国际传播能力，促进中华文化“走出去”。要支持优秀网络文化产品的创作与传播。近年来，我国网络文化自主创作、自主研发的能力取得了长足进步。网络文化正在成为扩大对外文化交流，展示我国文化软实力的重要力量，要支持广大网络文化企业和从业者创作生产更多弘扬社会主义核心价值观，传播当代中国价值观念，体现中华文化精神，反映中国人审美追求，社会效益和经济效益俱佳的网络文化精品力作。

3. 支持文化产业发展

要适应社会主义市场经济发展要求，切实加大文化产业发展专项资金投入力度，支持加快培育骨干文化企业，支持实施重大文化产业项目带动战略，鼓励发展新媒体和新的文化业态，鼓励文化企业兼并重组和改制上市。落实完善各项财税扶持政策，推动经营性国有文化单位完成转企改制任务。如《关于金融支持文化产业振兴和发展繁荣的指导意见》（银发〔2010〕94号）中提出，“中央和地方财政可通过文化产业发展专项资金等，对符合条件的文化企业，给予贷款贴息和保费补贴。支持设立文化产业投资基金，由财政注资引导，鼓励金融资本依法参与。建立多层次的贷款风险分担和补偿机制。鼓励各类担保机构对文化产业提供融资担保，通过再担保、联合担保以及担保与保险相结合等方式多渠道分散风险。研究建立企业信用担保基金和区域性再担保机构，以参股、委托运作和提供风险补偿等方式支持担保机构的设立与发展，服务文化产业融资需求。探索设立文化企业贷款风险补偿基金，合理分散承贷银行的信贷风险。”

（二）税收调节

税收是国家为满足社会公共需要，凭借公共权力，按照法律所规定的标准和程序，参与国民收入分配，强制地、无偿地取得财政收入的一种特定分配方式。它是国家财政收入的重要来源，也是文化事业管理中经济调节方法的重要手段之一。国家为文化发展制定的税收优惠政策主要是减轻文化企业负担，促进文化企业快速发展。国家征税一方面可以取得财政收入，满足财政支出的需要；另一方面也可以将政府的意图体现在税收制度和政策中，实现税收的经济调节作用。即文化管理机构及其管理者可以制定政策对那些具有较高的社会效益、有益于保护文化遗产的公益性文化活动和文化产品，推行财政补贴和减免税收等的优惠政策，以示扶助和支持；对于那些品质低劣、格调不高的文化产品和文化活动，则应当课以重税或罚款，以示反对。

从现行税种看，主要包括所得课税、财产课税、流转课税和资源课税，即增值税、营业税、企业所得税、个人所得税、房产税、城镇土地使用税和关税 7 个税种。一是增值税。主要运用增值税税率下降及出口退（免）税和免征进口环节增值税、先征后退、免税等政策手段，在生产、出口、销售等环节上，对经营性文化事业单位转制、重点文化生产企业、国务院批准成立的电影制片厂、电影集团及其成员企业等单位及组织进行扶持。二是营业税。是对在我国境内提供应税劳务、转让无形资产或销售不动产的单位和个人，就其所取得的营业额征收的一种税。国家为鼓励公共文化事业发展和扶持文化企业，出台了相关政策免征营业税。三是企业所得税。主要是以税收优惠和部分免征为主。国家在文化体制改革中对文化具体行业中的文化企业等诸多方面都通过税收优惠政策予以扶持。四是个人所得税。是调整征税机关与自然人（居民、非居民人）之间在个人所得税的征纳与管理过程中所发生的社会关系的法律规范的总称。国家在扶持文化发展上对于个人所得税主要以减免或免征的形式体现，如企事业单位、社会团体和个人等社会力量对非营利性公益组织或者文化宣传事业单位的公益性捐赠，以及个人被授予国家或国际组织的奖金等，在个人所得税方面予以优惠减免或免征。五是房产税。是以房屋为征税对象，按房屋的计税余值或租金收入为计税依据，向产权所有人征收的一种财产税。对于文化发展方面的房产税主要针对文化体制改革的试点单位。对于转企改制的单位有免征房产税的优惠政策，规定由财政部门拨付事业经费的文化单位转制为企业，自转制注册之日起对其自用房产免征房产税。六是城镇土地使用税。是指在城市、县城、建制镇、工矿区范围内使用土地的单位和个人，以实际占用的土地面积为计税依据，依照规定由土地所在地的税务机关征收的一种税赋。国家对相关文化单位以及文化遗产等免收土地使用税。如《中华人民共和国城镇土地使用税暂行条例》中规定，宗教寺庙、公园、名胜古迹自用的土地免缴土地使用税。七是关税。是指进出口商品在经过一国关境时，由政府设置的海关向进出口国所征收的税收。国家对于重点文化产品进口以及部分文化行业，如动漫企业的开发生产用品给予免征进口关税的政策。

（三）奖励

奖励方法主要包括税收奖励、示范基地（园区）奖励、品牌奖励、创新奖励、出口奖励五个方面。

1. 税收奖励

为扶植文化企业发展，培育企业核心竞争力，对达到一定数额的大中型文化企业或企业集团、新办企业、域外文化企业、重点文化企业进行税收奖励。

2. 示范基地（园区）奖励

为促使我国优秀的文化产业基地（园区）产生较大的示范效应、良好的社会影响和显著的经济效益，国家和地方政府鼓励文化企业积极参与示范基地（园区）建设，对于优秀的文化产业基地（园区），特别是被国家部委评定为文化产业示范基地（园区）的文化企业给予奖励。

3. 品牌奖励

为打造文化创意品牌，实行品牌战略，扩大品牌的影响力和辐射力，增强国际竞争力，以更好地起到示范作用和引导作用，国家和地方财政对于文化品牌的建设可以采取奖励的形式进行扶持。在具体操作过程中，品牌奖励要与规范化、制度化结合起来，真正使它在文化活动品牌打造中起到杠杆作用，提高活动人员的积极性。例如，《深圳市文化产业发展专项资金管理暂行办法》中规定了对成长性好、业绩突出的企业给予奖励的标准。

4. 创新奖励

国家和地方对于创意企业和人才队伍的培育与建设设立了专项资金奖励，为鼓励原创文化产品的创作和发行，对于原创企业给予奖励。例如，原创动漫作品，在中央电视台播出的及在国家级、省级和各市级出版发行的原创动漫作品等。

5. 出口奖励

为大力发展文化产业，推动文化“走出去”，实施文化强国战略，国家财政部对于文化出口给予了多种财政政策支持，以不同财政投入方式实现，对于文化“走出去”有特殊贡献的创意企业及人才，国家则设立专项资金给予奖励。

（四）金融支持

我国文化产业面临快速发展的历史机遇，推动文化产业成为国民经济支柱产业已成为一项重要目标。为实现这一目标，需要加大金融对文化产业的政策扶持力度，充分发挥支持文化产业的杠杆助推作用。

1. 信贷支持

在文化企业做大做强的同时还需稳健的发展步伐，应努力加大对文化建设的信贷支持。深入推进金融改革创新，引导金融机构开发适合文化企业特点的信贷产品，加大金融业支持文化产业的信贷投放；引导商业银行对主营业务突出、盈利能力强、信用记录好的文化产业集团的重点项目建设在贷款利率、用款计划等方面给予优惠和优先。

2. 风险补偿

文化产业所需的金融支持不仅在于信贷产品开发还有保险产品开发，国家对于宣传文化部门重点扶持的文化企业和文化产业项目，应继续建立和完善保险服务，加快培育和完善文化产业保险市场，有效分散文化产业的项目运作风险。中宣部、财政部、中国人民银行、文化部等9部委制定的《关于金融支持文化产业振兴和发展繁荣的指导意见》（以下简称《指导意见》），出台了针对性的金融风险补偿机制。通过建立文化金融产品风险补偿机制，解决金融机构由于风险收益不匹配而支持文化产业动力不足等问题。从《指导意见》的表述来看，文化金融产品的风险补偿机制大致可分为两大层次：第一是直接补偿，提高文化产业类贷款的收益；第二是间接补偿，通过对文化金融产品的担保、保险来转移或化解风险。

二、其他方法

在使用法律、行政、经济等方法的同时，还要注意配合使用舆论引导方法、思想教育方法和技术方法等。

(一) 舆论引导方法

舆论引导方法是以宣传、鼓动、教育、说服等途径实施管理的方法。该方法通过运用舆论引导人们的意识，从而规范人们的行为，使他们按照社会管理者制定的路线、方针、规章从事社会活动。该方法具有统一思想、凝聚力量、协调行动的重要作用。当今社会，随着经济社会快速发展和科技不断进步，信息传递和获取越来越快捷，舆论引导的作用也越来越突出。

1. 把握正确舆论导向

宣传思想文化工作处在意识形态领域的最前沿，应当守好阵地，发挥好引领作用。要始终高举中国特色社会主义伟大旗帜，用马克思主义牢牢占领意识形态领域主阵地，增强社会主义意识形态的吸引力和凝聚力，确保思想舆论始终沿着正确的方向发展；牢牢把握正确的舆论导向，正面宣传为主，坚持团结稳定鼓劲，坚持贴近实际、贴近生活、贴近群众，传播先进文化，弘扬社会正气，塑造美好心灵，唱响主旋律，以及巩固和发展积极健康向上的主流舆论；推动内容、形式、手段和机制的创新，把正确舆论导向同讲求宣传艺术统一起来，提高引导水平，不断增强新闻宣传的吸引力和感染力；紧紧围绕“文化大发展，大繁荣”的中心，精心开展社会主义核心价值体系宣传教育，大力营造重文化、兴文化的浓厚氛围；切实加强各类新闻媒体的建设，用好互联网等新媒体，完善新闻发布制度。

2. 运用正反两方面典型

舆论引导应当“抓好两头，带动中间”。充分发挥正面典型的导向作用和负面典型的警示作用，做好正反两方面典型宣传工作。坚持把遵循社会主义先进文化前进方向、人民群众满意作为评价作品的最高标准，把群众评价、专家评价和市场检验统一起来，形成科学的评价标准。要建立公开、公平、公正的评奖机制，精简评奖种类，改进评奖办法，提高权威性和公信度。对表现突出的集体和个人，要大力宣传和表彰，让正面典型得到“宣扬”；对偏离公益性文化事业宗旨的行为和事件要大胆揭露，让反面典型得以曝光，使人们从典型事例中了解国家的政策并据以调整自己的观念和行为，为公益性文化事业的发展指明正确的方向。

（二）思想教育方法

思想教育方法是指通过一定精神、道德、信仰的宣传、教育、引导，激发人们的干劲，改变人们的行为，使之为实现组织目标而努力。通过宣传使人们对各种相关的法令、方针、政策、规章制度等能加深理解，通过思想教育来激发人的积极性和创造性，推进社会主义核心价值体系建设，弘扬良好思想道德风尚，提高公民素质。

加强思想教育，要坚持用中国特色社会主义理论体系武装头脑、指导实践、推动工作。组织学习中国近现代史特别是党领导人民进行革命、建设和改革开放的历史，坚定广大干部群众对中国特色社会主义的信心和信念。

加强思想教育，要坚持以人为本。“既要坚持教育人、引导人、鼓舞人、鞭策人，又要做到尊重人、理解人、关心人、帮助人”。要认识和把握人的本性，充分引导和满足人的正当要求，要把促进人的全面发展作为思想教育的根本出发点。要设身处地为人民群众的利益而工作，要贴近实际、贴近生活、贴近群众，在为人民群众办实事、办好事中融入思想政治教育，获得人民群众的信任和支持，从而达到开展思想政治教育的目的。

加强思想教育，一要加强和改进各级党委（党组）理论学习中心组学习，扎实推进党员干部的理论学习，推动学习型政党和学习型社会建设。要深入开展反腐倡廉教育，推进廉政文化建设，不断提高各级干部思想道德素质和领导文化建设的能力。二要加强和改进学校思想政治教育，全面加强学校德育体系建设，构建学校、家庭、社会紧密协作的教育网络，动员社会各方面共同做好青少年思想道德教育工作。三要加强公民道德素质教育，全面落实《公民道德建设实施纲要》，深入开展社会主义荣辱观宣传教育，深入开展以爱国主义为核心的民族精神和以改革创新为核心的时代精神教育，深入开展理想信念教育、形势政策教育、国情教育、革命传统教育、改革开放教育和国防教育，加强民族团结进步教育，加强法制宣传教育，培育有理想、有道德、有文化、有纪律的社会主义公民。

（三）技术方法

有效的管理离不开技术，技术的进步直接导致了管理方法的现代化。文化管理的技术方法就是把技术融入文化管理中，利用各类技术如网络技术、信息技术、决策技术和控制技术等进行辅助管理。随着科学技术的发展，网络化、数字化、信息化手段对文化生产、传播和消费产生了革命性影响，文化与科技的融合趋势明显，数字内容娱乐产业已经是新兴文化业态的代表，互联网共享平台也成为诸如网络视频、微电影各种新文化形态传播的最重要载体。因此，采用技术手段过滤封堵不良网络信息内容，就成为应对网络内容生产传播、强化网络内容管理的一个必要手段。

案例 1

湖南省国税局认真落实文化产业税收政策推动湖湘文化产业繁荣发展①

近年来，湖湘文化产业繁荣发展，已经成为湖南的重要支柱产业，连续 8 年产值规模过千亿元，“广电湘军”“出版湘军”颇具品牌实力，也为湖南经济发展做出了重要贡献。截至 2016 年 7 月，全省七大文化行业共有纳税人 50 781 户，共实现国税收入 34.25 亿元。

为打通文化产业税收服务的“最后一公里”，推动湖湘文化大发展大

① 湖南省国家税务局．湖南省国税局认真落实文化产业税收政策推动湖湘文化产业繁荣发展．湖南省国家税务局网，2016-09-20.

繁荣，湖南省国税局充分发挥税收职能，认真落实文化产业税收政策，全方位、多角度的为文化产业发展营造良好的税收环境。

解决涉税难题 支持企业发展

“省国税局定期组织帮扶工作组深入企业进行专题税收政策辅导，还积极采取措施帮助我们解决已缴增值税的退税难题，仅我们公司下属的新华书店就按政策申请抵退了税款 5 000 多万元。”中南传媒出版集团财务王清学表示，国税部门的政策扶持，为企业完善了现金流，提供了一个良好的市场发展环境。

中南传媒出版集团（以下简称中南传媒）下辖 26 家直属子公司，员工 2 万余人。2013 年 12 月，财政部、国家税务总局下发了《关于延续宣传文化增值税和营业税优惠政策的通知》，从事图书批发、零售业务纳税人可以申请抵退 2013 年已缴纳的增值税。按此政策，中南传媒可申请退税 9 800 万元，但按文件要求，纳税人需将已开具的增值税专用发票收回才能申请抵退税。

中南传媒客户遍及全国，退税事宜仅在省内就涉及数百个客户、14 个市州、122 个县市区，辐射面广，时间跨度大，操作困难。省国税局从纳税人的实际困难出发，制定的《图书批发、零售纳税人申请抵退 2013 年已缴增值税操作指引》，解决了一次性申请抵退税的问题。在此基础上，克服税收任务繁重压力，积极为中南传媒等企业协调，做到应退尽退，确保了优惠政策落实到位。

截至 2015 年 1 月底，全省国税系统共为全省 358 户图书批发、零售业务纳税人办理退抵税 1.13 亿元，其中，中南传媒下属的湖南省新华书店有限责任公司退税额达到 5 400 万元，极大地扶持了省内文化企业的发展。

同时，针对湖南省有线电视网络股份有限公司等同业企业“营改增”后的政策难点，省国税局会同省财政厅、省地税局下发文件，在营改增后进一步细化广播影视服务业的征收管理范围，并将免征营业税的优惠政策继续执行到 2013 年年底。省国税局还在充分调研的基础上，就营改增试点过程中有线电视收视费、电影发行放映收入免征增值税优惠政策执行时间问题，积极向相关部门反映，争取了政策的延续。2016 年上半年，为有线电视及电影发行放映企业免征增值税额 2 066 万元。

落实税收优惠 实现应享尽享

如何让企业应享尽享税收优惠政策？营改增之后，湖南省、市、县三级国税部门都分别成立了帮扶工作组，定期深入文化企业进行专题税收政策辅导，推动优质文化资源向优势企业集中，打造湖南的“文化航母”和“媒体旗舰”。

如在湖南日报、湖南广电、出版集团等企业的转制改革过程以及华声在线、中广天择和体坛传媒等企业在上市过程中，省国税系统都深入企业调研，通过用好用活税收优惠，让转制企业充分享受多项增值税和企业所得税税收优惠，支持符合条件的文化企业上市。2016 年上半年为华声在线等转制文化企业免征增值税近 700 万元。

总体来看，省内传统文化产业在享受多项转制企业税收优惠政策后，一直保持着良好的发展势头。新兴文化产业因享受“营改增”结构性减免政策红利，发展势头强劲，产业规模逐年壮大。

2014 年 1 月至 2016 年 7 月，从事信息技术服务的纳税人数量从 1 276 户增加到 11 062 户，增幅达到 766%；文化创意服务的纳税人数量从 5 125 户增加到 21 677 户，增幅达到 332%；从事广播影视服务的纳税人数量从 425 户增加到 1 027 户，增幅达到 141%。三个行业因税制转换累计减轻税收负担 42.94 亿元。全省累计共有 2 619 户次文化产业纳税人享受了税收优惠政策，合计减免增值税和企业所得税 18.82 亿元。

“全省文化产业的年国税收入规模已经突破 50 亿元。不论是税收规模，还是从业纳税人数量都在逐年增加，反映出湖南文化产业一直保持着良好的发展势头。”湖南省国税局副局长王建平表示，下一步，省国税将紧紧围绕《湖南省文化强省战略实施纲要》和《湖南省深化文化体制改革实施方案》，全面落实文化产业税收优惠政策，不断强化征收管理，优化纳税服务，加大力度支持湖湘文化产业发展和文化体制改革。

思考题

1. 我国文化立法存在哪些问题？如何进一步完善？
2. 政府文化管理途径有哪些？

3. 我国文化管理的基本原则有哪些?

参考书目

1. 高永贵. 文化管理学 [M]. 北京：北京大学出版社，2012.

2. 孙萍. 文化管理学 [M]. 北京：中国人民大学出版社，2015.

3. 祁述裕. 政府文化管理概论 [M]. 北京：国家行政学院出版社，2014.

第三章
公共文化管理

公共文化管理是指政府文化管理部门整合社会力量，运用行政、经济、法律等方法，强化治理能力，提升政府绩效和公共文化服务品质，从而维护人民群众的公共文化利益，满足人民群众日益增长的精神文化需求。在现代社会，提供公共文化服务、满足公共文化需要不仅是政府的重要职责，也是建设服务型政府的内在要求。

第一节 公共文化服务的内涵和特征

公共文化是社会稳定、和谐、健康发展并形成社会凝聚力的最基本的因素，是发展先进文化、构建和谐社会、建设强大的社会主义国家的前提。随着我国文化体制改革的不断深入，加强公共文化服务建设越来越成为各级政府和广大文化工作者的共识。

一、公共文化服务的内涵

《中华人民共和国公共文化服务保障法》对“公共文化服务”做出了法律界定：是指由政府主导、社会力量参与，以满足公民基本文化需求为主要目的而提供的公共文化设施、文化产品、文化活动以及其他相关服务。它涵盖了文学艺术、新闻出版、广播电视、电影、音像、报刊、文物博物、图书馆、美术馆、文化馆等众多领域。目前，我国研究者分别从公民权利、政府职能和公共性等角度对公共文化服务的内涵进行了研究，尚未达成共识。概括各方观点，公共文化服务内涵主要包括以下三个方面。

（一）健全公共服务管理体制

要完善公共文化服务，必须建立现代公共服务型文化行政管理体制。

1. 优化政府自身治理结构

公共文化服务有赖于政府体系内部的资源整合和功能协调。目前，我国公共文化管理体制仍存在着多头管理、各自为政、甚至行业壁垒、部门割据的现象，造成了公共文化服务资源分散、综合效能不高。需要文化、新闻广电出版、信息、财政等部门的协调与合作，从而形成政府公共文化治理结构，实现公共文化服务的最佳效益。

2. 形成政府与社会共同参与的治理结构

为了保证“所有公民平等享受公共服务”，政府应该承担公共服务提供主体的角色，同时，也要积极顺应社会主义市场经济的发展和现代社会治理的要求，充分发挥市场、社会的作用，使其共同参与到公共文化服务之中，为群众提供种类齐全、服务质量稳定、能满足不同社会群体基本文化需求的公共文化产品和服务。这些机构包括政府文化行政部门和主要由公共财政提供经费的公益性文化服务机构，如图书馆、博物馆等，也包括大量的非营利组织。目前，建立公共服务型文化行政管理体制，形成政府与社会共同参与的治理结构是保障公共文化服务得以完善提供的一般模式。

（二）完善公共服务法律法规

1. 建立健全公共服务法律法规

《中华人民共和国公共文化服务保障法》是文化领域的一部基础性法律，也是全国人大牵头的首部文化立法。该法进一步规范和界定了各级政府在公共文化服务中的权力和责任，明确了公共文化服务中的若干重要制度，为各级政府推进文化治理能力现代化，确保行政权力不越位、不错位、不缺位提供了基本的法律依据，为现代公共文化服务体系建设提供了坚实保障。为进一步完善公共服务，要加快建立健全相关法律法规的步伐。一要继续加快文化立法，建立健全文化法律法规体系。党的十八届四中全会明确提出，要“建立健全坚持社会主义先进文化前进方向、遵循文化发展规律、有利于激发文化创造活力、保障人民基本文化权益的文化法律制度。”经过多年的努力，文化法律法规体系已经初步建立，但与建设社会主义文化强国的要求相比，与其他领域相比，文化立法工作仍然存在立法总量偏少、层次偏低等问题。[①] 要继续推动“公共图书馆法”“广播电

---

① 雒树刚．学习贯彻公共文化服务保障法 加快推动现代公共文化服务体系建设［N］．人民日报，2017-02-27.

视传输保障法”等法律法规的制定，启动古籍保护相关法规制定工作，将文化事业建设的重大政策措施适时上升为法律法规，进一步完善中国特色社会主义公共文化法律制度体系。同时，要加强地方文化立法，提高文化建设法制化水平，为地方公益性文化事业的繁荣发展提供法律依据和法制保障。二要加大执法力度，规范执法行为，提高执法水平。首先，应建立科学的、统一的文化市场执法体制，培育高素质的文化法制监察和管理干部队伍，加大执法力度，通过文化执法、司法，对传播精神垃圾、破坏公共文化设施、倒卖文物等违法犯罪活动加以控制，使公民合法的文化权利得到保护。其次，要明确执法人员资格条件，加强文化行政执法人员培训工作，规范执法行为，提高执法水平，加强执法监督。

2. 完善公共文化服务政策

完善公共文化服务政策，一要科学配置公共文化资源，完善政府投入保障政策。公共资源包括公共财政资源、土地、城市空间、人力资源等诸多方面。合理配置、妥善使用公共资源是完善公共文化服务的重要前提。发达国家和地区的经验表明，公共文化服务水平的维持和提高，需要公共财政拿出相当于总支出1%左右比例的经费用于文化投入，在特别重视文化发展或文化基础薄弱的地区，该投入比例可能还要大。[①] 因此，我国的公共文化服务要以农村和基层、边疆民族地区、贫困地区为重点，优先安排涉及广大人民群众切身利益的文化项目。二要完善资金监管制度，提高投入效益。明确公益性文化事业单位的功能定位，按照公共文化服务标准推进公共文化服务，建立健全以群众满意度为重要标准的公共文化服务绩效考评机制。县级以上人民政府应当建立健全公共文化服务资金使用的监督和统计公告制度，加强绩效考评，确保资金用于公共文化服务。任何单位和个人不得侵占、挪用公共文化服务资金。三要完善文化事业经济政策，拓宽公共文化服务渠道。公共文化产品和服务可以采取政府直接投资的方式提供，也可以采取政府采购、项目补贴、定向资助、贷款贴息、税收减免等政策措施鼓励各类文化企业参与公共文化服务。一方面要制定政策，鼓励国家投资、资助或拥有版权的文化产品无偿用于公共文化服务；

① 毛少莹．发达国家的公共文化管理与服务［J］．特区理论与实践，2007（2）．

同时，也要对已有支持文化体制改革、支持文化事业发展的经济政策进行修订或延续。另一方面要进一步制定并落实鼓励社会组织、机构和个人捐赠以及兴办公益性文化事业的税收优惠政策，依照法律法规给予捐赠者在企业所得税、个人所得税、进口关税和进口环节增值税等方面适当优惠。通过引导社会对公共文化服务的投入，拓宽公共文化服务资金来源渠道。目前，通过免税、减税等方式鼓励社会对公共文化事业的赞助以提高对公共文化服务的总体投入，成为世界性的文化政策趋势。

（三）完善公共文化产品市场

完善公共文化产品市场，提高公共文化产品和服务供给能力要把握好以下三个关键环节。

1. 扩大公共文化设施的覆盖范围

加强社区公共文化设施建设，把城乡社区文化中心建设纳入城乡规划和设计中，拓展投资渠道，使公共文化服务更好地向城乡基层末梢延伸。

2. 健全现代文化市场体系

要充分发挥市场机制在组织公共文化产品中的作用，努力健全现代文化市场体系。要加快发展各类文化产品和要素市场，打破条块分割、地区封锁、城乡分离的市场格局，构建统一开放、竞争有序的现代文化市场体系，促进文化产品和要素在全国范围内合理流动。

3. 完善文化产品评价体系和激励机制

坚持把遵循社会主义先进文化前进方向、人民群众满意作为评价作品最高标准，把群众评价、专家评价和市场检验统一起来，形成科学的评价标准，并将考核评价结果作为确定补贴或者奖励的依据。

二、公共文化服务的特征

世界银行《1997年世界发展报告：变革世界中的政府》中指出：“公共产品是指非竞争性的和非排他性的货物；非竞争性是指一个使用者对该物品的消费并不减少它对其他消费者的供应，非排他性是指使用者不能被排除在对该物品的消费之外。”公共文化产品除了具有公共产品的基本特征外，还具有以下三个方面的特征。

（一）外部性

一般公共产品满足的是社会大众的一般物质需求，公共文化产品（服务）更多表现为精神的、非物质的状态，这些公共文化产品的内容必须积极健康，能够体现一定社会的主流意识形态导向和共同价值准则，并符合一定社会在文化上的共同、根本和长远利益。因此，优质的公共文化产品在向社会成员提供文化服务的同时，还可以培育公众道德、提升精神境界、引领文明风尚、推动社会进步，具有正的外部性。

（二）公有性

公共文化服务资源都是历史累积和留存下来的，或当代投资建设形成的，为国家和各级地方政府所有的物质和非物质文化资源。因此，公共文化服务资源（场所、设施、设备等）应该为社会全体成员共同拥有。

（三）多样性

文化服务的多样性是公共文化服务水平和能力的重要标志，是满足公众多方面文化服务需要的重要条件，也是公共文化服务具有持久魅力的关键所在。丰富多彩既是文化样式的基本特征，又是公众文化享受的基本需要。公共文化服务单位应该为公众提供各种文化服务，满足顾客多种文化需要。现阶段，各地公共文化服务主要有以下基本项目：如广播电视服务、文化娱乐服务、图书阅览服务、戏曲曲艺服务、文化休闲服务、文化交流服务、文化信息服务、棋牌竞技服务、体育健身服务等，以满足社会公众基本的文化生活需要。

第二节 现代公共文化服务体系建设

加强公共文化服务体系建设，让人民群众共享文化改革发展的成果，这是社会主义文化建设的根本目标与方向。必须坚持政府主导，加强文化基础设施建设，完善公共文化服务网络，让群众广泛享有免费或优惠的基本公共文化服务。按照公益性、基本性、均等性、便利性的要求，以公共财政为支撑，以公益性文化单位为骨干，以全体人民为服务对象，以保障人民群众看电视、听广播、读书看报、进行公共文化鉴赏、参与公共文化活动等基本文化权益为主要内容，完善覆盖城乡、结构合理、功能健全、实用高效的公共文化服务体系。

一、公共文化服务体系建设的原则

公共文化服务体系建设的原则主要包括以下四个原则。

（一）公益性

公益性是公共文化服务体系建设的根本原则。所谓公益性，是指以社会效益为最大追求，不以营利为目的。公共文化服务提供的是公益性极强的公共物品，体现的是全体社会成员的共同利益。公益性原则的确立取决于公共物品消费上的非竞争性和非排他性。公共文化产品的供应存在“市场失灵”，而社会对图书馆、博物馆等公益性文化服务有着巨大的现实需求。因此，公共文化产品的生产、服务和提供，应主要由政府或政府资助的公益性机构来承担，并且免费或优惠提供给全体公民，以弥补市场的不足，保证公民享有必要的精神文化生活。公益性原则的确立同时也取决于公共文化服务巨大的私人收益的“外部性”及其带来的公共收益。事实上，必要而完善的公共文化服务，对提高公民文明素质，形成社会共同价值观，营造和谐友爱的文化氛围，形成宽容进步的社会风尚等，都具有无可替代的重要作用。因此，公共文化服务具有高度的公益性。“三馆”，即图书馆、博物馆、文化馆的免费开放就完全体现了公共文化服务的公益性。遵循公共文化服务的公益性原则，公共部门有责任为公民提供免费或优惠的公共文化服务。

（二）基本性

所谓基本性，是指它提供的是最基本的文化服务，保障的是人民群众最基本的文化权益。具体来说，就是看电视、看电影、听广播、阅读书报、进行公共文化鉴赏、开展大众文化活动等。建立公共文化服务体系是为了满足群众基本文化需求，保障群众基本文化权益。因此，必须坚持基本性原则。文化需求具有层次性，既有基本的需求，也有更高层次的需求，满足基本文化需求属于公民的基本文化权益，因而具有公益性，并且政府是责任主体。更高层次的文化需求则应通过大力发展文化产业来满足。当然，这里的“基本性”所规定的公共文化服务的内容并不是一成不变的，而是与经济社会发展水平相适应的、动态发展的，具有明显的阶段性特征。随着经济社会发展水平和政府保障能力的提高，以及人民群众文化需求的增长，基本公共文化服务的内容会不断拓展，水平也会不断提高。2015 年 1 月印发的《国家基本公共文化服务指导标准（2015 —2020 年)》是一个底线标准，经济水平发展较高的地区要制定高于这个底线标准的实施标准。随着国家现代化水平不断提高，还要不断修正国家基本公共文化服务的保障标准。① 因此，各级政府应根据当前经济社会发展水平，着力建设基础性公共文化设施，生产和提供基础性文化产品，以满足人们生存和发展所必需的基本文化需求，保障人民的基本文化权益。

（三）均等性

所谓均等性，就是以全体人民为服务对象，不分男女老少，不分城市农村，不分东中西部，每个人都能平等地享有基本公共文化服务。要以“保基本、兜底线、管覆盖，满足人民群众基本文化需求”为目标，按照“政府主导、财政保障，适度市场配置”的思路，大力推进基本公共文化服务标准化、均等化。② 我国在基本公共文化服务方面还存在不平衡、不均等的现象，主要体现为城乡之间、东西部之间、不同群体之间的差别。造成这些差别的主要原因是公共文化服务总量不足，公共财政投入偏低，宏观布局失衡。多年来，我国文化建设普遍存在“重城市、轻农村”的现象，农村文化经费投入严重不足，文化建设欠账多、问题多，城乡文化发

---

① 祁述裕，艾思同．首届全国行政学院系统文化管理讲演录［M］．北京：国家行政学院出版社，2016：13.

② 祁述裕，曹伟．构建现代公共文化服务体系应处理好的若干关系［J］．国家行政学院学报，2015 (2).

展很不平衡。因此，加强公共文化服务体系建设，必须着眼全局，实现重心下移，抓好市、县、乡、村四级文化建设，整合力量、典型引路、分级推进，实现规模化、体系化，统筹城乡文化发展，促进公共文化服务均等化。《中华人民共和国公共文化服务保障法》健全了我国的文化法律体系，为提高我国公共文化服务均等化水平提供了法律依据和法制保障。《国家基本公共文化服务指导标准（2015—2020 年）》对各级政府应向人民群众提供的基本公共文化服务项目和硬件设施条件、人员配备等做出了明确规定，改变了以往许多地方公共文化服务在投入数量、规模和方式上的随意性。要以县为基本单位，全面落实国家基本公共文化服务指导标准和地方实施标准。健全公共文化设施运行管理和服务标准体系，规范各级各类公共文化机构服务项目和流程。以标准化促进均等化，填平补齐公共文化资源，推动区域间、城乡间公共文化服务均衡的协调发展。

(四) 便利性

所谓便利性，是指要让人民群众能就近、随时、低廉或免费享受到基本文化服务。体现便利性，关键是要加强整体规划，加强城乡基层文化基础设施建设，加快构建覆盖广泛的文化服务网络，要做到在一定空间范围内必须有公共文化活动场所，形成布局合理、区域协调、城乡一体、功能完备的服务体系。

二、现代公共文化服务体系建设的内容

公共文化服务体系是维护好、实现好、发展好人民群众基本文化权益的重要途径。从过程看，公共文化服务体系包括九大系统：公共文化政策理论体系、公共文化基础设施体系、公共文化生产运营体系、公共文化信息体系、公共文化资金保障体系、公共文化人才体系、公共文化创新体系、公共文化指标体系、公共文化评估和监督体系。[①] 从政府职能部门工作看，公共文化服务体系建设是指加强基层文化建设，保障人民群众的基

---

① 高永贵．文化管理学［M］．北京：北京大学出版社，2012：234.

本文化权益。近几年，我国文化建设按照文化部党组“逐步实现由办文化为主向管文化为主转变，由管微观向管宏观转变，由主要面向直属单位向面向全社会转变，真正履行好服务、指导、协调和监管职责”的要求，科学规划、统筹兼顾、有序推进了公共文化服务体系建设，初步建成了国家、省、市、县、乡、村和城市社区在内的六级公共文化服务网络，使公共文化服务效能明显提高，人民群众精神文化生活不断改善，公共文化服务体系建设取得显著成效。为进一步激发活力提高效率，党的十八届三中全会提出要构建现代公共文化服务体系，即构建兼具时代性、创新性和开放性特征，有中国特色保障体制机制，运用现代思想观念、现代服务设施和现代科技手段丰富文化产品的供给，提升公共文化服务的能力以满足当代人民群众的基本文化需求的公共文化服务体系。要以政府主导、社会参与、重心下移、共建共享为基本原则，以基本公共文化服务标准化、均等化为突破口，立足人民群众基本文化需求，构建体现时代发展趋势、符合文化发展规律、具有中国特色的现代公共文化服务体系。综上所述，现代公共文化服务体系建设主要包括以下两个方面的内容。

（一）完善公共文化服务设施网络

公共文化设施是指用于提供公共文化服务的建筑物、场地和设备，主要包括图书馆、博物馆、文化馆（站）、美术馆、科技馆、纪念馆、体育场馆、工人文化宫、青少年宫、妇女儿童活动中心、老年人活动中心、乡镇（街道）和村（社区）基层综合性文化服务中心、农家（职工）书屋、公共阅报栏（屏）、广播电视播出传输覆盖设施、公共数字文化服务点等公共文化设施。《中华人民共和国公共文化服务保障法》规定，在基层要统筹建设综合性文化服务中心，进一步拓展了公共文化设施的范围，促进基层公共文化设施资源的整合利用。

鼓励“互联网＋”新模式，推动公共数字文化建设，加快数字图书馆、文化馆、博物馆、美术馆建设。推动有序开放各种公共文化空间，更好地发挥已有文化设施的效益。落实学校资源和社会资源的“双向开放”，鼓励学校教育与图书馆、博物馆、美术馆等公共文化资源对接。鼓励各级公共文化设施、各类文化机构联动开放，造就便利的公共文化服务空间。

要吸引社会力量参与公共文化服务设施建设，鼓励各地探索通过组织协同、设施互联、资源共享与能力互通实现整合，共建基层综合文化中心。

“十三五”期间，要按照补短板的思路，重点关注经济文化发展水平较低地区的需求，公共文化设施建设资金应向县级以下基层倾斜。要坚持重心下移、资源下移、服务下移，进一步完善覆盖城乡的基层公共文化设施网络。重点推动基层公共文化设施资源整合、共建共享，统筹建设集宣传文化、党员教育、科学普及、普法教育、体育健身等多功能于一体的基层公共文化服务中心。要推动跨部门项目合作，统筹规划和建设基层公共文化服务设施，坚持项目建设和运行管理并重，实现资源整合、共建共享。加强社区公共文化设施建设，把社区文化中心建设纳入城乡规划和设计中，拓展投资渠道，完善面向妇女、未成年人、老年人、残疾人的公共文化服务设施，建立公共电子阅览室和未成年人公益性上网场所，促进城乡基层公共文化服务资源的共建共享。扩大盲人读物出版规模，有条件的地区可以以公共图书馆为依托，建立盲人电子阅览室。

要进一步加大贫困地区公共文化设施网络建设力度。在县、乡层面，重点是推动县、乡公共文化设施提档升级，确保在“十三五”末期全面达到国家标准；在村级层面，重点是要采取盘活存量、调整置换、集中利用等方式，实现村级综合文化服务中心的全覆盖。增加农村文化服务总量，缩小城乡文化发展差距，以农村和中西部地区为重点，加强县级文化馆和图书馆、乡镇综合文化站、村文化室建设。深入实施文化精准扶贫项目，把更多的文化资源向贫困地区配置。

加强边境县公共文化设施建设。以边境县为主体，以县、乡、村三级为重点，以公共文化服务体系建设为主要方面，全面加强边境地区文化建设，推动文化稳边、固边、兴边。加强边境地区公共文化设施建设，改造提升设施条件，增加多层次、多语种文化产品供给，加强网络建设和数字资源建设以及建设边疆万里数字文化长廊，基本实现边境地区文化网络全覆盖。

（二）加强公共文化服务体系制度建设

为提高公共文化服务效能，要加强公共文化服务体系制度建设。在理论政策层面要开展国家公共文化服务体系制度设计研究工作，深入研究公共文化事业发展的理论政策体系和制度框架，逐步建立和完善符合中国国情、符合市场经济规律、符合文化自身发展要求的公共文化服务制度设计体系。

1. 完善公共文化服务管理体制和投入机制

完善政府主导、社会参与、市场竞争、城乡统筹的公共文化服务体系制度建设。要按照政事分开、政社分开的原则，推动政府职能转变，理顺政府、公益性文化事业单位和行业协会之间的关系，建立文化行政部门宏观管理和行业微观管理相结合的公共文化管理体制。按照国家分类推进事业单位改革的要求，突出公益属性、强化服务功能、增强发展活力，推动公益性文化单位人事、收入分配和社会保障制度改革，建立事业单位法人治理结构，完善绩效考评机制，健全民意表达和监督机制，增强公益性文化事业单位的发展活力。

要打破体制界限，建立多元参与管理机制，在资金扶持、队伍培训、行业评估等各方面对民办文化机构和国办文化机构一视同仁，同等对待，努力形成多元互补、广泛参与公共文化服务体系建设的发展格局。完善投入与扶持政策，把主要公共文化产品和服务项目、公益性文化活动纳入公共财政经常性支出预算。加大公共财政投入，加强和完善基层公共文化服务设施建设。建立健全文化投入稳定增长的长效保障机制，建立基层公共文化经费保障机制，为城乡文化一体化发展营造良好的政策环境。加大对革命老区、民族地区、边疆地区、贫困地区文化服务网络建设支持和帮扶力度。

2. 完善公共文化服务运行机制

加强公共文化服务管理运行机制的改革，健全公共文化服务管理运行机制，完善公共文化机构的功能定位，明确服务目标、任务和责任，建立考核、激励和约束机制。《中华人民共和国公共文化服务保障法》将公共文化服务综合协调机制作为重要内容在法律上予以明确，法律的实施将进一步明确各部门的责任，促进协同合作，推动各类公共文化机构在设施上的互联互通、在资源上的相互融通、在服务上的相互借鉴，实现综合利用、融合发展、提高效能。要继续完善绩效考核机制，制定合理的绩效评价指标，逐步形成制度化、规范化、科学化的绩效管理与评估体系。制定公共文化服务指标体系和绩效考核办法，明确服务标准和服务规范，加强评估考核。加强对公共文化机构的指导、监督，保障公共文化设施正常运转和功能的充分发挥。建立群众文化需求反馈机制，推广“菜单式”“订单式”的服务模式。丰富公共文化产品供给，拓宽供给渠道，更多地为群众提供喜闻乐见、充满正能量的优秀文化产品和服务，努力实现公共文化服务“适销对路”，让群众真正喜欢文化、参与文化、创造文化。统筹实施重大公共数字文化建设工程，加强数字产品和服务的开发，提高优质资源供给能力。建立以效能为导向的评价激励机制，研究制定公众参与度和群众满意度指标。深入开展艺术普及活动。繁荣群众文艺，完善扶持机制，搭建展示平台。

3. 完善公共文化服务人才保障机制

完善公共文化服务人才选拔、引进、留用、评价和激励机制，加强队伍建设和人才培养，造就德才兼备、结构合理的文化人才队伍，为公共文化服务体系建设提供有力的人力资源保障。建立科学的育人制度和文化干部的业务培训制度，提高管理人员的专业能力。把建设高素质基层文化人才队伍作为公共文化服务体系建设的关键环节，深入实施人才兴文战略，加强公共文化服务队伍教育培训，提高基层公共文化从业人员的职业道德、职业素养和专业技能，夯实公共文化服务体系建设的基础。按编制配备文化馆、图书馆、镇街文化服务中心（文化站）等公共文化服务机构工作人员，并积极发展业余文艺队伍。鼓励文艺工作者、艺术院校学生和热心文化公益事业的各界人士开展公共文化服务。加强文化志愿者制度设计，推进文化志愿服务，建立和完善文化志愿者注册招募、服务记录、管理评价和激励保障机制，提高文化志愿服务规范化、专业化和社会化水平。培育和发展多元化的社会服务主体，充分发挥文化非营利组织在公共文化服务中的作用。

第三节 公共文化管理重点

政府公共文化管理重点主要包括：图书馆管理、博物馆管理、文化馆管理、乡镇综合文化站管理、农家书屋管理和群众文化管理等。

一、图书馆管理

图书馆是搜集、整理、存贮、开发、传递和利用文献信息资源为经济、文化、教育科研服务的重要场所，是政府公共文化服务体系的重要组成部分。

图书馆主要有三大职能：一是传播科学知识，开展社会教育；二是保护文化遗产；三是学术科研。近年来，政府加大了图书馆建设的力度，图书馆事业欣欣向荣。但由于多年来管理上的条块分割，导致图书馆在资源整合利用、公共服务能力提升等方面还有很多不足，需要政府进一步发挥协调监管作用。

（一）统筹规划，综合协调

统筹规划，综合协调具有导向性、系统性和控制性，是引领图书馆各项工作稳步均衡推进的有效途径。

（1）统筹规划馆舍建设。图书馆馆舍的科学分布有助于完善城市文化功能，提高城市综合竞争力。在馆舍规划分布上，首先，要根据城市区域文化功能的需要，统筹规划中心馆和下设分馆（室）建设，通过中心馆向各分馆发挥功能辐射作用。其次，馆舍建设的位置和规模，要统筹考虑城市区域人口的密度和地理环境，达到图书馆科学分布、整体使用、效益最大化的目标。

（2）统筹规划网站建设。现代科学技术日新月异，有力地推动着图书馆的网络化、数字化的发展。各级政府要继续加强对各类分割管理的图书馆和地方城市所建的网站进行整合，政府在做区域规划时，要把图书馆的网站（网点）和城乡（区域）其他公益性网站（网点）建设纳入统筹规划之中，进行统一设计、统一整合、统一使用，建设符合实际、高效快捷、配套节能、运转科学的公益性网站。

（3）综合协调资源建设。长期以来，由于管理上的条块分割，各类图书馆都在藏书资源和信息资源建设上追求大而全、小而全的体系，从而忽视了区域整体资源建设的重要性。因此，要通过协调馆际合作，综合协调资源建设。首先，要综合协调藏书建设，把各种不同类型图书馆的藏书资源进行有效的整合，在一定区域内进行科学布局和分工，建立起符合本地区发展的文献保障体系，提高文献资源的整体使用效率，最大限度地满足读者的需求。其次，要综合协调信息资源地建设，要依靠政府的权威对信息资源进行科学规划，协调各类型图书馆及相关单位参与资源数据库的建设，建立起符合本地发展实际和具有地方特色的资源数字库群。

（二）完善立法，加强执法

长期以来，政府对图书馆管理设立的行政法规较少，已有的法规也已不适应现代图书馆管理的需要。因此，制定一部新的完整的统筹图书馆管理法规应摆上政府的议事日程。首先，要规范政府管理，通过立法明确政府对图书馆管理和监督的责任，尤其要明确政府在公共文化服务体系中所扮演的角色、应承担的职责和应发挥的作用。其次，要规范对图书馆的管理，通过立法明确图书馆的职责和义务。如图书馆工作的任务、服务的标准、服务的质量等，以保证图书馆事业的发展。

有的地方政府忽略了对文化的投入或投入不足，不能依法依规执行有关文化投入方面的政策，致使图书馆经费不能有效保证。因此，政府应严格依法执法，保证和推动图书馆事业健康发展。

图书馆法是由国家立法机关制定或认可的有关图书馆事业和图书馆活动的专门法规。它是建立与管理图书馆，制定图书馆行政法规和规章制度的总依据。图书馆法是调节国家与图书馆之间、图书馆与其他组织之间以及图书馆与读者之间等在图书馆活动中所产生的各种关系的法律规范，是国家领导、组织和发展图书馆事业的重要手段，具有强制性、规范性、概括性、稳定性等特点。长期以来，我国政府对图书馆管理设立的行政法规较少，已有的法规也已不适应现代图书馆管理的需要。为了促进公共图书馆事业发展，满足人民群众日益增长的精神文化需求，2015 年文化部起草了《中华人民共和国公共图书馆法（送审稿）》，报送国务院审议。国务院法制办公室经广泛征求中央单位、地方政府、公共图书馆和专家学者的意见及地方调研，会同文化部对送审稿进行了认真研究修改，从而形成了

《中华人民共和国公共图书馆法（征求意见稿）》（以下简称征求意见稿）。征求意见稿对公共图书馆的设立、运行、服务及法律责任等方面做出规定。征求意见稿指出，国家要建立覆盖城乡、便捷实用的公共图书馆网络。县级以上地方人民政府需根据当地人口规模、分布等因素确定，本行政区域内公共图书馆的数量、规模、结构和分布，并通过固定馆舍和流动服务设施、自助服务设施等方式，为公众提供服务。公共图书馆内应设置少年儿童阅览区域，有条件的可以单独设立少年儿童图书馆。

目前，文化部正在积极推动“公共图书馆法”尽快出台，有望在2017年通过实施。目前仍然有些地方政府忽略了对文化的投入或投入不足，不能依法依规执行有关文化投入方面的政策，致使图书馆经费不能有效保证。因此，待“公共图书馆法”出台后，政府应严格依法执法，保证和推动图书馆事业健康发展。

（三）加强监管和效益评估

图书馆是从事公益事业、提供公共文化服务的专业化机构，其经费来源主要是政府财政，实行事业编制管理。政府对图书馆的投入以及产生的服务效益和结果具有统筹管理的责任，政府应充分发挥监管作用。因此，政府在对图书馆进行投入和提出任务时，应对图书馆的服务功能和效益等作用进行相应评估。评估应从以下几个方面来把握：一是服务作用的评估，图书馆在为城乡居民提供文化服务中，是否在区域内促进了社会政治、经济和文化的协调发展，是否为构建和谐社会、推进城乡和区域文化的协调发展发挥了重要作用。二是服务效果的评估，图书馆是公共文化服务任务的具体承担者之一，政府投入的资金是否合理使用，在整体服务上是否达到了最大效益。通过调查和评估，政府应对图书馆的投入、社会效益的发挥提出指导性意见，以使图书馆在政府统筹协调监管下发挥更大的作用。

二、博物馆管理

博物馆是收藏、保护、研究、展示人类活动和自然环境的见证物，经过文物行政部门审核、相关行政部门批准许可取得法人资格，向社会开放的非营利性社会服务机构。博物馆具有收藏、研究和教育三大社会职能。进入 21 世纪以来，博物馆通过实施免费开放，加强管理，改善服务，更加贴近生活、贴近群众，受到了全社会的广泛欢迎，对实现文化遗产保护、丰富公众文化生活发挥了积极作用。但与此同时，我国博物馆的专业化品质、社会服务能力、管理水平等还有许多不足。进一步发挥博物馆在文化建设中的作用，应重点做好以下工作：

（一）探索建立现代博物馆制度

建立现代博物馆制度，是激发博物馆活力、实现博物馆管理运行现代化的必然选择。

（1）健全政事分开、权责明确、统筹协调、规范有序的博物馆管理体制。明确政府管理权限、职责和各级各类博物馆办馆权利、责任，构建政府、博物馆、社会之间的新型关系。探索建立符合博物馆发展规律的管理制度和配套政策，综合应用立法、拨款、规划、信息服务、政策指导和必要的行政措施，完善博物馆目标管理和绩效管理机制，规范博物馆办馆行为。

（2）落实和扩大博物馆办馆自主权。博物馆按照国家法律法规和宏观政策，在办馆模式、资源配置、人事管理、社会参与、社会服务等方面充分享有自主权，自主开展藏品保护、科学研究、展示教育和社会服务，自主制定博物馆规划并组织实施，自主设置业务、行政管理机构，自主确定内部收入分配，自主管理和使用人才，自主管理和使用博物馆财产和经费。

（3）完善博物馆法人治理结构。各类博物馆应依法制定章程，依照章程规定管理博物馆。探索建立博物馆理事会或董事会，吸纳有代表性的社会人士、专业人士、基层群众参与管理，健全社会支持和监督博物馆发展的长效机制。健全议事规则与决策程序，完善博物馆馆长负责制。完善馆长任职条件和任用办法。充分发挥学术委员会在业务建设和博物馆管理中的重要作用。全面实行聘任制度和岗位管理制度，确立科学的考核评价和激励机制。

（二）统筹规划博物馆体系建设

博物馆体系建设是博物馆在传承历史文明、满足公共文化需求中发挥重要作用的基础。

（1）统筹规划，优化结构，突出特色。适应国家和区域经济社会发展需要，建立博物馆分类体系和动态调整机制，不断优化博物馆类型、层次结构，促进资源整合，提升发展质量，优化博物馆体系。发挥政策指导和资源配置的作用，引导博物馆合理定位，克服同质化倾向，在不同层次、不同领域办出特色，提升水平。

（2）优化区域布局结构，加强标志国家及地方文明形象的重点博物馆建设。重点向中西部博物馆文化服务资源短缺地区倾斜。鼓励东部地区博物馆率先发展。加大东部博物馆对西部博物馆对口支援力度。推进各类国家级博物馆建设。形成充分涵盖和全面反映中华文明优秀成果的国家博物馆群体，发挥博物馆事业的改革发展核心作用。

（3）大力发展立足行业特点和地域文化特色的专题性博物馆。建设好纪念北京奥运会、上海世博会等反映人类文明进步成就的专题博物馆。加强艺术类博物馆（美术馆）的发展，建设好自然科技类博物馆、民族博物馆、遗址博物馆、生态博物馆、工业遗产博物馆、社区博物馆等各种专题性博物馆。

（三）推进依法管理

推进博物馆依法管理，是充分发挥博物馆功能，确保博物馆有序运行的根本保证。

新中国成立以来，发展包括博物馆在内的文化事业，是国家进行社会主义文化建设的长期政策，并且在《宪法》中也有明确规定。我国先后制定了一批博物馆方面的法律法规，主要有《省、市、自治区博物馆工作条例》（1979）、《博物馆安全保卫工作规定》（1985）、《博物馆藏品管理办法》（1986）、《文物藏品定级标准》（2001）、《博物馆管理办法》（2005）等。随着社会经济的新发展，对博物馆法规建设有了新需求。在促进文化大发展、建立公共文化服务体系的大背景下，在中央依法治国的统一部署下，2015 年 3 月 20 日，我国博物馆行业第一个全国性法规文件《博物馆条例》正式施行。《博物馆条例》的出台，适应了改革和发展的需要，进一步完善了博物馆管理制度体系，博物馆法规的效力等级提高到了行政法规的层次。下一步应研究制定保障博物馆事业发展的基础性法律——“博物馆法”。逐步形成全面覆盖、协调配套、科学合理、实施有力的中国特色博物馆法律体系。

另外，要加强博物馆法规、标准的实施和推广工作。强化对各级政府落实博物馆法律法规和政策情况的督导检查。建立督导检查结果公告制度和限期整改制度。探索博物馆行政执法体制机制改革，落实博物馆行政执法责任制，及时查处违反博物馆法律法规、侵害博物馆和公众权益、扰乱办馆秩序等行为。

（四）强化博物馆公共文化服务的职能

博物馆作为公益性、公共性社会文化机构，为社会发展和人民大众提供服务是其工作的主旨和目标。

（1）将博物馆纳入国民教育体系。深化与教育机构合作，开展博物馆教育示范点建设，建立长期有效的馆校联系制度，将博物馆教育纳入中小学历史、艺术、科学、自然、思想道德等课程和教学计划，创造与教学内容结合互补的教育活动项目品牌。

（2）创新博物馆文化传播。充分运用信息、互联网、多媒体、新媒体等技术手段，通过数字博物馆、远程教育网络和文化信息资源共享工程，使博物馆文化成果惠及更多民众。

（3）深化免费开放。完善博物馆免费开放机制，将国有博物馆以及符合条件的民办博物馆纳入国家支持的免费开放范围。博物馆未实行免费开放的，应当对未成年人、成年学生、教师、老年人、残疾人和军人等实行免费或者其他优惠。

三、文化馆管理

文化馆是政府为了向广大人民群众进行宣传教育，组织辅导群众开展文化活动而设立的群众文化事业机构，是群众文化艺术活动的中心。文化馆作为基础性的公共文化机构，主要职能包括：开展社会教育；提高群众文化素质；组织开展丰富多彩的、群众喜闻乐见的文化活动；指导群众业余文艺团队建设，辅导和培训群众文艺骨干等。

我国的文化馆诞生于计划经济时期，进入市场经济时代后，文化馆服务的方式、内容未能及时做出调整和更新，公共文化服务能力不断下降，公众对文化馆的功能定位产生怀疑。新时期做好文化馆管理工作应当进一步明确和强化其公共服务性，不断提高公共服务的能力和水平。

（一）确立公共服务、面向社会的理念

（1）确立公共服务的理念。要明确“公共”和“服务”一直是文化馆办馆的两大主题。作为以提供公共文化服务为己任的文化馆，要在坚持正确的政治导向的前提下，充分发挥文化馆联系政府与群众的桥梁纽带作用，为群众提供公益性文化服务，努力完成好对群众文化的组织、辅导和研究工作，并根据群众不断增长的文化需求，更新观念，明确目标，不断提高公共文化服务质量。

（2）确立面向社会的理念。文化馆是群众文化事业的组成部分，是开展群众文化活动的总枢纽、总阵地，是建立和完善公共文化服务体系不可缺少的重要内容。新时期的文化馆要顺应时代潮流，更新观念，面向社会，以开放的心态和崭新的工作作风投身群众文化事业，主动担当起服务社会、陶冶大众的责任。

（二）建立充满活力的用人机制

首先，文化馆要探索推行全员聘用合同制和岗位聘任制，以岗位管理取代身份管理，打破干部、工人身份界限，建立和完善以岗位管理为基础的用人机制，切实解决能进不能出、能上不能下的问题。其次，文化馆领导，从馆长到副馆长，按照干部的管理权限，可采取直接聘任、推选聘任、公开招聘和委任等多种形式。最后，文化馆的各个岗位，无论是管理岗位、专业技术岗位还是工勤岗位在职人员，要按照公开、公正、公平原

则，实行竞争上岗，双向选择，择优聘用。[1]

（三）提高文化馆的公共文化服务能力和水平

首先，各级政府应根据《中华人民共和国公共文化服务保障法》的规定积极筹集资金，建设文化馆馆舍，完善各类文化设施，为开展公共文化服务提供物质载体。其次，要创新公共文化服务技术，丰富活动内容，不断满足不同层次、不同年龄、不同爱好的人民群众的需要。最后，要建设一支思想好、业务精、善组织、懂管理的复合型人才队伍，不断提高公共文化服务的能力和水平。

四、乡镇综合文化站管理

乡镇综合文化站是集书报刊阅读、宣传教育、文艺娱乐、科普培训、信息服务、体育健身等各类文化活动于一体，服务于当地农村群众的综合性公共文化机构。乡镇综合文化站的具体职能有：对广大群众进行时政宣传和政策法制教育；组织开展丰富多彩的文体娱乐活动，组织和指导电影、电视、录像放映活动；搜集、整理民族民间文化艺术遗产，促进乡村特色文化的发展等。

长期以来，乡镇文化站是活跃农村文化的主体，在丰富农村文化生活、教育娱乐群众、促进乡镇经济发展等方面起着重要作用。但从总体上看，农村文化工作仍是一个相当薄弱的环节，不少地方的乡镇文化站建设滞后于经济发展，部分乡镇文化站因功能不断减弱而沦为了“空壳文化站”。做好乡镇文化站工作，充分发挥乡镇文化站的作用，应重点做好以下几方面工作。

（一）提高对文化站工作重要性的认识

文化站的工作是精神文明建设的重要内容，对社会生活的各个方面都会产生积极的影响，各级地方政府要根据《中华人民共和国公共文化服务

---

① 黄颖锋．浅谈新形势下如何加强文化馆建设［J］．广东省文化馆馆刊，2011（5）．

保障法》的规定和要求，切实把文化站工作列入党委政府的重要议事日程上来。对文化站工作要有责任感、紧迫感，自觉加强领导，保证资金投入到位，使文化站各项工作落到实处，进而推进基层文化事业健康发展。

（二）整合人才资源

人才是乡镇文化站的支柱，做好文化站工作必须培养一批多才多艺的骨干人才。一要配齐、配强文化站工作人员；二要对有志于文化事业的现有文化站人员进行必要的岗位培训，对新进入人员设置必要的进入门槛，经考核合格后持证上岗，使所有管理人员学本行、爱本行、干本行，切实管理好文化站，为群众提供高质量的文化娱乐服务；三要打造一支特色文艺宣传队伍，挖掘具有乡土特色的文艺资源，依托乡镇中小学校和乡镇文化站，着力培养一批扎根乡土的民间文艺骨干，立足乡土开展文艺创作和表演活动。

（三）扩大参与面，充分发挥文化站的作用

农民群众是农村文化建设的主体，他们对文化的需求已由单纯的求乐、求美向求知、求富转变。因此，要扩大参与面，把农民群众开展文娱活动作为乡镇文化建设的重要内容，让他们在文化站里既能得到精神上的愉悦，又能学到致富的本领，要让文化站成为农村精神文明和科学技术传播的基地。一要引导群众积极参与文体活动，带动农村文化蓬勃发展，使农民群众在娱乐中受到教育；二要依托乡镇综合文化站，广泛开展国家政策、法律法规和科普知识等教育活动，解决群众在各种政策法规方面的疑惑和顾虑；三要用先进文化引领群众的思想，鼓士气，提精神，凝心聚力，把广大群众的思想统一到乡镇党政决策上来，真正让文化站成为智囊库、人才库，进而推动农村经济又好又快地发展。

五、农家书屋管理

农家书屋是为满足农民文化需要，在行政村建立的、农民自己管理的、能提供农民实用的书报刊和音像电子产品阅读视听条件的公益性文化

服务设施。经过多年努力，截至目前，农家书屋在全国60多万个行政村基本实现了全覆盖，有效解决了广大农民群众“买书难、借书难、看书难”问题。但从现实情况看，农家书屋的管理方式、管理水平还相对落后，农家书屋的作用还没有充分发挥。要实现建设好农家书屋，须进一步做好以下各项工作。

（一）提高农家书屋使用率

目前，在很多地方农家书屋的使用率还很低，农家书屋还没有真正发挥作用。要改变这种状况，一要加强宣传，要向广大群众积极宣传农家书屋的理念，它们是为群众所建、为群众所开的一项惠民工程，让每位百姓都愿意来书屋借书阅览；二要大力发展农村基础教育，提高农村教育普及率，降低农村文盲比例，提高农民受教育程度，培养农民的阅读习惯；三要培养农民获取信息的技能，依托高等院校、中小学、科技馆、图书馆、文化站等文化设施，增强农村读者的信息意识和获取信息能力，使农家书屋真正能被农民读者利用起来。

（二）突出藏书特色

长期以来，由于农家书屋的书籍配备缺乏专业性，没有形成农家书屋的藏书特色，配置的图书还不能满足农民的实际需求。因此，应由图书馆专业人士通过广泛深入的调研，结合各地乡村的经济发展、特色产业等实际状况，在新闻出版总署印发的《农家书屋重点推荐目录》基础上，形成各地区农家书屋的推荐书目，确立各行政村农家书屋藏书建设原则。农业科学类、文化教育类、医药卫生类、法律常识类和文学艺术类等应占适当比例，对某些个性化需求也应尽可能满足。使农家书屋配置的出版物突出“农家”特色，体现实用性，从而真正发挥农家书屋的作用。

（三）整合资源

农家书屋的建成目标与图书馆一致，都是为了弘扬科学精神、传播科学知识、营造全民终身学习的浓厚氛围，推动建立学习型社会。所以，要调动社会各方面力量积极整合资源，扩大农家书屋的藏书及信息量，尽可能满足读者的需求。一要积极探索农家书屋与当地图书馆及机关、学校图书室的出版物交互流动机制，将农家书屋的借阅业务在一段时间内暂时纳入当地公共图书馆和高校图书馆网，实现信息资源共享；二要探索引入"图书漂流"制度。可考虑从省、市、县公共图书馆、高校图书馆等专业图书馆中提取部分适合农民、农业的资料作为动态漂流资源的主要组成部分，定期在村镇集会等村级人员流动较大的场所下发流动，从而起到一定的资源倍增效果，弥补农家书屋资源不足的缺陷。

（四）提高农家书屋管理员素质

农家书屋能否有效地发挥作用，其管理员的素质和管理水平至关重要。目前，农家书屋管理员主要由兼职管理员担任，如村委会干部、社区居委会干部以及大学生村干部等。由于兼职管理，精力有限，水平不足，导致农家书屋管理有很多不完善之处。因此，做好农家书屋工作必须加强对管理员的培训。首先，要培养他们的服务意识，提高综合素质，倡导长久坚持与积极奉献的精神。其次，要提高农家书屋管理的专业性。农家书屋虽然是小型的图书馆，但是，管理和服务也应向图书馆专业管理员看齐，努力培养管理员的专业素质，让农村读者享受到专业化的服务。

（五）构建农家书屋评估指标体系

当前，农家书屋建设发展迅速，成效显著。但建成农家书屋数量的多少不是最终目标，推动农家书屋持续发展，造福广大农民群众才是根本。因此，制定科学详细的评估体系，对农家书屋工作实施评估，可以使当地相关管理者更深刻地认识和了解农家书屋在一个地区经济发展和精神文明建设中的重要作用，有助于农家书屋工程的健康、持续发展。首先，评价农家书屋运行情况应该从书屋藏书类型的完整性、借阅率的高低、举办农家知识活动的多少以及制度执行的及时性等多方面综合考虑。其次，要通过科学的评估，肯定成绩，发现问题，为今后农家书屋发展规划和政策制定提供现实依据，推动农家书屋持续健康发展。①

---

① 奚淼，彭昱丽．从农家书屋管理体制看农家书屋如何更好为农民服务［J］．农业图书情报学刊，2011（12）.

六、群众文化管理

群众文化是以群众为主体，由群众直接或间接参与的一种社会文化。群众文化活动以其广泛的参与性、大众性，在全国人民的文化生活中占有突出的地位。加强群众文化建设管理工作，是推动文化建设健康发展、促进社会和谐进步的重要部分。

进入21世纪以来，群众文化活动获得了快速发展，已经成为当代文化的主要形态之一。但我国政治、经济、社会的深刻变革，对群众文化活动产生了深刻影响，带来了许多新的挑战。新形势下做好群众文化管理工作要大力推进群众文化工作创新，使群众文化充分反映时代进步的要求和人民群众的期待，始终保持群众文化的生命力和创造力。具体而言，应着眼于以下几方面的工作。

（一）增加投入

要增加文化设施建设的投入，为群众文化活动创造环境，让广大群众和文艺爱好者娱有场所。同时，要增加扶持文化活动的投入，保证社区文化活动的正常开展，使广大人民群众娱有所乐。政府要以街道文化站为龙头，把扶持社区文化活动与创建文明社区结合起来，联合文化、科技等部门，下大力气，共同投入到社区文化阵地的建设中去，使其在社区经济建设中发挥重要作用。

（二）打造群众文化品牌活动

群众文化品牌活动，是指连续举办的有规模、有影响、有价值，人民群众积极参与的重大群众文化公益活动。群众文化品牌活动的开展是提升地区文化品位和文化形象的重要途径，是活跃群众文化的有效手段。新形势下打造的群众文化品牌活动，一要尽量挖掘和调动地方特色文化资源，创新活动形式，使地方文化传统和文化遗产得到更多的继承和发扬。二要通过组织民间文化周、民间工艺博览会、邀请会等，打造具有区域性特质的文化项目集群，不断提升影响力。

（三）培养群众文化干部

繁荣发展群众文化事业必须有一支政治强、业务精、作风硬、热爱文化工作的队伍。因此，要通过举办各类培训班和业务讲座，对现有群众文化工作人员进行培训，不断提高群众文化工作人员业务素质。并有计划地从大专院校和社会上公开招聘、选拔一批热爱群众文化工作、文化水平高、精通业务的专门人才从事群众文化工作，不断为群众文化建设注入新思想、新观念、新力量，为社区和谐发展发挥更大作用。

（四）群众文化管理应落脚于对公民道德水准的提升

群众文化与公民道德建设二者是相互依托、相互促进的关系。群众文化反映道德实践，推动道德进步，道德又为群众文化灌注灵魂，使群众文化获得价值依据和内容。二者相互渗透，推动着社会主义社会稳步前进。所以，群众文化管理应落脚于对公民道德水准的提升。要不断为群众文化活动注入新鲜血液，用饱含爱国主义、集体主义、社会主义思想内涵的先进文化，引导人民群众自育和育人；用时代的、新颖的、进步的、人民群众喜闻乐见的先进文化活动形式，吸引人民群众的广泛参与，使广大人民群众在群众文化活动中，心智得到启迪，情操得到陶冶，精神得到振奋，思想道德、文化素质得到提高。①

案例 2

云南弥渡县基层群众文化“繁花似锦”②

近年来，弥渡县立足于深厚的文化底蕴、广泛的文化基础、丰富的文化资源、响亮的文化品牌四大优势，根据基层群众文化的需求，结合弥渡文化特色，坚持“小活动不断线，大活动经常办”的原则，常年坚持开展有声有色群众文化活动，群众文化活动“繁花似锦”。2014 年 12 月，被文化部评为全国文化先进县。

---

① 创新群众文化管理提升公民道德水准．网易新闻中心，2012-4-14.

② 此案例引自文化共享工程云分中心文化信息资源网，2015 年 6 月 24 日，内容有删改．

基层文化活动有场所

每天清晨和傍晚，在新建的县城毗雄景观河河畔小广场上，云南省级花灯传承人李龙英和村里的30多个姐妹都会如期来到这里跳起她们熟悉的花灯健身舞。尽管他们是地道的农民，但村子的人们已经和“城里人”一样享受城市的文化生活。

近年来，弥渡县坚持“四轮驱动”，推动公共文化服务体系阵地建设，让群众文化活动有场所。县级，先后在县城中心区建成1万多平方米的花灯广场百姓文艺舞台。在县城北片区，通过走以地招商，以商活文，以文惠民的路子，对区内的6家单位、49家集资房住户、2个村集体场所、2所学校、14户居民户及大量租户进行拆迁安置，招商引资2.1亿元，盘活土地90亩，建成集文化商贸、文化服务、文化休闲和宗教文化为一体，体现地方花灯文化特色的“青螺古坊”花灯文化大观园，成功实现总投资2 000多万元的县级文化馆、图书馆、博物馆标准化建设目标，并使之与其他公益性文化设施达到融合建设的效果。在县城东片区，按照省委、省政府提出的“城市上山，农民进城”的发展要求，正在着力规划建设集温泉、省级天生桥旅游风景区和水库景观为一体的“小河淌水”风情园；乡镇，以解决乡镇综合文化站业务用房为核心推进阵地建设。通过整合文化、体育、旅游和小城镇建设资金，全县8个乡镇中的5个获得中央和省州级项目资金实施了标准化建设，两个进行了省级“以奖代补”建设，一个进行了拓展建设。每个站的占地面积均在2 000平方米以上，全部实现免费开放。寅街、密祉镇文化站已经评定为国家一级文化站；行政村（社区），以基层建设工程的实施为契机，将行政村（社区）文化活动室一并纳入规划推进建设，实现了全县89个行政村（社区）全部完成集党员教育、文化活动、科技卫生等为一体的村级文化活动室建设目标；自然村，结合新农村建设、“七彩云南”体育基础设施建设、美丽幸福新弥渡建设和中小学撤校并点的实际，辅之以县财政每年500万元的资金投入，每年完成100个文化体育活动场所，现有340个自然村已基本建成具有文化活动室、党员活动室、村民议事处、老年活动中心为一体的活动场所，占全县自然村总数的36.4％。

基层文化活动让群众当“主角”

多年以来，弥渡县按照“普及群众性文化活动，让群众自己当主角”

的工作思路，明确文化工作的重心不仅是“下移”，更是扎根在群众中生长创造出新的形式、新的生命力。该县坚持“四措并举”，筑牢群众文化活动基础，基层文化活动让群众当“主角”。

基层文化活动“五个有”。着力构建一支队伍、一套器材、一套服装、一块阵地、一名辅导员“五个有”群众文化。目前，全县已组建规模在30人以上的群众花灯文艺队416支活跃城乡。县文化部门经常派出群众文化工作者深入基层开展形式多样的培训，与基层文艺骨干开展“面对面”“手拉手”“一对一”的结对服务。

广场文化月月演。自2005年10月开始，县委、县政府统一制定出台的关于开展广场文化活动的实施意见，充分发挥各部门、乡镇参与组织群众文化活动的条件优势，轮流承办，优选节目，以县城花灯广场这一百姓文艺舞台为主阵地每月举办一场主题鲜明、质量上乘的群众性广场文化演出活动。

免费电影天天放。按照省、州关于实施农村数字电影放映的安排，在全县范围内组建了7支农村数字电影放映队，实现了农村免费数字电影天天放。

服务方式大更新。县文化馆、县图书馆、县博物馆和乡镇文化站均实现了免费开放。

思考题

1. 公共文化管理的主要内容有哪些?
2. 公共文化服务重点有哪些?
3. 如何促进公共文化服务均等化?

参考书目

1. 祁述裕．政府文化管理概论［M］．北京：国家行政学院出版社，2014.

2. 国家“十三五”时期文化改革发展规划纲要，文化部“十三五”时期文化改革发展规划纲要．

3. 关于加快构建现代公共文化服务体系的意见．

第四章
文化产业管理

随着文化体制改革的深入推进和文化产业整体规模的快速提升，我国文化产业在繁荣社会主义文化、满足人民精神文化需求、提高公民道德素质、转变经济发展方式、增强我国文化整体实力和竞争力等方面，发挥着重要的作用。

第一节　文化产业概述

文化产业是以知识为基础、以服务为手段的新兴行业，它具有高知识性、高附加值和新组织方式、新营销模式等特征，与高科技性、新兴性和现代生产、生活方式密切相关，是现代服务业的重要组成部分。

一、文化产业的内涵

（一）文化产业概念的提出

“文化产业”这一概念最早是由法兰克福学派提出的。1926年，法兰克福学派的代表人物本雅明发表了《机械复制时代的艺术作品》一文，在这篇文章里他描述了20世纪二三十年代西方国家萌发的一种新的文化现象，即收音机、留声机、电影的发明所带来的文化领域的巨大变革，复制技术使文学艺术作品不再是一次性存在和使用，而是可批量生产、多次使用。

1947年，法兰克福学派的另一代表人物阿多诺在其著作《启蒙的辩证法》中，首先提出了“文化产业”（Culture Industries）这一名词，并探讨了当时资本主义社会的文化状况。阿多诺认为，资本主义的发展已经使“电影和广播不再需要作为艺术”，而转变成了“产业”，文化产品的批量化、格式化、标准化与文化的“个性的、一次性的、独一无二的存在”的本质相敌对。因此，文化产业的要害是反人类的。在这一语境中，“文化产业”一词具有强烈的批判性和否定性意味。通过这一概念，法兰克福学派展开了对当代发达国家文化和社会的批判。但是，随着历史的发展和语境的扩展，“文化产业”逐渐演变为一种中性概念，用以指一种客观的历史文化现象。

（二）文化产业的定义及范围

不同国家及组织对文化产业的称谓和定义各不相同，联合国教科文组织把文化产业界定为：按照工业标准生产、再生产、储存以及分配文化产品和服务的一系列文化活动。欧盟在其2000年的信息规划中把文化产业界定为“内容产业”(Content Industries)，指的是“制造、开发、包装和销售信息产品及其服务的产业”。我国台湾对文化产业的定义为：“源于创意或文化积累，通过智慧财产之形成及运用，具有创造财富与就业机会的潜力，并具有培育全民美学素养，使国民生活环境得以提升的产业”。随着文化产业在世界范围内兴起，在西方主要发达国家中，文化产业在国民经济中所处地位日渐重要，已经成为重要支柱产业。

在我国，随着社会主义市场经济体制的建立，关于文化属性、文化在整个社会发展中的地位和作用的认识更加全面科学。特别是2000年“文化产业”写进了中国共产党第十五届五中全会的文件，从此获得了国家决策层的认可。党的十六大报告正式将文化事业和文化产业加以区分，二者的功能日渐明确。我国国家统计局2004年发布的《文化及相关产业分类》和《文化及相关产业指标体系框架》两个文件，将文化产业定义为：为社会公众提供文化、娱乐产品和服务的活动，以及这些有关的活动的集合。2009年，《文化产业振兴规划》的出台，首次将大力发展文化产业上升到国家战略。随着国家层面扶持政策的不断出台，新技术在文化领域中的应用越来越广泛，文化产业的传统形态也发生了很大的变化，新的文化业态不断涌现。为适应文化产业发展的新情况和新变化，国家统计局结合我国实际，对文化产业的定义和范围进行了重新界定，于2012年7月31日重新颁布了《文化及相关产业分类》(2012)，将文化产业定义为：为社会公众提供文化产品和文化相关产品的生产活动的集合。根据新的定义，我国文化及相关产业的范围包括以下四个方面。

(1) 以文化为核心内容，为直接满足人们的精神需要而进行的创作、制造、传播、展示等文化产品（包括货物和服务）的生产活动。

（2）为实现文化产品生产所必需的辅助生产活动。

（3）作为文化产品实物载体或制作（使用、传播、展示）工具的文化用品的生产活动（包括制造和销售）。

（4）为实现文化产品生产所需专用设备的生产活动（包括制造和销售）。

（三）文化及相关产业分类

《文化及相关产业分类》（2012）（以下简称《分类》）标准将文化产业分为两部分：文化产品的生产和文化相关产品的生产，并根据管理需要和文化生产活动的自身特点将文化及相关产业分为10个大类、50个中类（见表4-1）。其中“文化创意和设计服务”首次在《分类》中被提出。另外，文化及相关产业的具体活动类别包括120个小类，在此不再赘述。

表4-1　文化及相关产业分类

第一部分　文化产品的生产		
序号	大类	中类
1	新闻出版发行服务	新闻服务 出版服务 发行服务
2	广播电视电影服务	广播电视服务 电影和影视 录音服务
3	文化艺术服务	文艺创作与表演服务 图书馆与档案馆服务 文化遗产保护服务 群众文化服务 文化研究和社团服务 文化艺术培训服务 其他文化艺术服务
4	文化信息传输服务	互联网信息服务 增值电信服务（文化部分） 广播电视传输服务
5	文化创意和设计	广告服务 文化软件服务 建筑设计服务 专业设计服务

（续表）

第一部分　文化产品的生产		
序号	大类	中类
6	文化休闲娱乐服务	景区游览服务 娱乐休闲服务 摄影扩印服务
7	工艺美术品的生产	工艺美术品的制造 园林陈设艺术及其他陶瓷制品的制造 工艺美术品的销售
第二部分　文化相关产品的生产		
8	文化产品生产的辅助生产	版权服务 印刷复制服务 文化经纪代理服务 文化贸易代理与拍卖服务 文化出租服务 会展服务 其他文化辅助生产
9	文化用品的生产	办公用品的制造 乐器的制造 玩具的制造 游艺器材及娱乐用品的制造 视听设备的制造 焰火鞭炮产品的制造 文化用纸的制造 文化用油墨颜料的制造 文化用化学品的制造 其他文化用品的制造 文具乐器照相器材的销售 文化用家电的销售 其他文化用品的销售
10	文化专用设备的生产	印刷专用设备的制造 广播电视电影专用设备的制造及其他文化专用设备的制造 广播电视电影专用设备的批发舞台照明设备的批发

二、文化产业的特点

文化产业作为按工业化标准进行的文化生产，除了具有一般产业的共同属性之外，也有其自身鲜明的特点。

（一）满足大众精神消费需求，具有商品和公共品双重属性

党的十七届六中全会提出，发展文化产业是社会主义市场经济条件下满足人民多样化精神文化需求的重要途径。要不断满足群众日益增长的精神文化需求，必须加快发展文化产业，使其成为经济发展的核心推动力，这既是发展文化产业的客观要求，也是发展文化产业的基本方针。

文化产品是一种以提升人们精神生活为目的的特殊产品，它包括精神和物质两种形态。因此，文化产品既具有商品的一般属性，也具有公共品的特殊性。文化生产作为一种特殊的商品生产，无论内容还是形式，都兼有精神和物质的双重性，受价值规律与文艺规律双重支配。“科学、艺术等，都不过是生产的一些特殊形式，并且受生产的普遍规律的支配。”因此，文化的“生产、分配、交换、消费”必然遵循商品生产的普遍规律，即价值规律，接受价值规律的调节。同时，文化艺术作为人类的精神行为，它所追求的是传达生产主体的审美价值，满足人们精神上的独特需要，必然受到文化艺术作为精神行为的固有规律的深刻影响。价值规律和文化艺术自身内在规律的共同作用，构成了现代文化生产的全部运动。在这个过程中，一切违背规律的生产或者可能引导不正当文化消费的生产，都将经过社会的选择而被控制，即便是在色情淫秽问题上态度比较宽容的丹麦、荷兰等国家也不允许儿童色情物品的生产；而一切遵循规律生产或者有助于规律充分发挥作用的生产，引导正当文化消费的生产，都会得到社会的响应。

随着物质生活的日益改善和精神生活的日益丰富，人民的精神文化需求和消费正进入一个空前旺盛的时期。文化产业同时也迎来了发展的黄金时期。

（二）文化产业是现代服务业的重要部分并具有极强的融合性

文化产业属于现代高端服务业的范畴。现代服务业是文化价值含量最高的产业，只有当文化成为现代服务业的灵魂和运营内涵时，服务所创造的价值才能倍增。文化产业既是现代服务业，又是以创造无形资产为主的新产业，成为发展现代服务业的“引擎”。加快发展现代服务业，是扩大

内需、更好地实现自主发展的有效途径，要优化产业结构，就要加快现代服务业的发展。

文化产业具有极强的融合性，不仅体现在文化产业内部各行业之间的融合、文化产业与其他产业之间的融合，也体现在文化产业发展与政治、经济、文化、社会各领域建设的融合。从文化产业内部的融合看，完整产业链要求文化产业不同行业之间需要分工协作相互融合。从文化产业和其他产业的融合看，文化产业与一二三产业之间的融合趋势日益明显，文化内涵和文化元素不断渗透并提升其他产业，既推动了相关产业的优化升级，也加快了文化产业自身的发展，进而催生了新的文化业态。从文化产业与政治、经济、文化、社会各领域的融合看，随着市场经济的发展和社会转型的加快，国家意识形态的交锋，社会价值导向的传播，城市软实力的建设等，都在很大程度上与文化产业的发展交叉、重叠，需要通过文化产业改进方法、提升形象、引导潮流，增强关注度、吸引力和认同感。[①]

（三）文化产业是绿色、环保的低碳产业

文化产业以非物质文化资源为加工对象，为市场提供文化意义消费，对自然资源依赖程度低，需求弹性大，产品附加值高，价值链长，具有低投入、低消耗，但收益高的特性，是典型的绿色经济。由于文化产业是绿色产业、环保产业，文化产业在 GDP 中所占比重的提高对经济结构调整、节能环保都具有积极意义，在满足人民群众的精神文化需求上已经显现出了越来越大的作用。

由于文化产业属于典型的绿色、环保、低碳的“无烟工业”，在发展理念、行为模式上与建设环境友好型和资源节约型社会的战略目标具有同构的关系。借助于文化产业的“无烟”生产和绿色消费，不仅能够最大限度满足人的发展需要，实现“两型社会”建设中绿色发展、清洁发展和效率发展的目标，从根源上遏制物质生产过程中资源枯竭和环境恶化给人类带来的威胁，还能与“两型社会”所要求的循环经济、生态经济、环保经济结合在一起，借助高新技术和文化创意促进产业的整合和升级，使文化

① 程连元．文化产业的融合性决定了文化产业创新的协同性［EB/OL］．中国经济网，2013-9-8.

产业实现规模扩张和效益裂变，在转变经济发展方式的同时重建人与自然的良性关系。

（四）文化产业具有巨大持久的社会影响力

随着文化进出口贸易的快速发展，文化产业在提升中华文化在海外传播方面的作用日益增强，成为文化“走出去”的重要力量。文化产业参与国际文化市场的竞争，用现代的表达手法推出中国特色的文化产品品牌和创意，体现“中国元素、国际表达”，提高了我国文化的国际影响力。

目前，我国文化产业发展恰逢大力实施中华文化“走出去”、创新“走出去”模式的战略机遇期。要增强中华文化的国际影响力和竞争力，构建具有强大传播能力、覆盖广泛、多语种、受众广、信息量大的文化传播体系，就要发挥文化的独特作用，发挥文化产业外向型文化企业优势，打造具有重要影响力的国际文化交易平台和具有核心竞争力的知名文化品牌，传播中华文化理念和独特的民族文化，塑造新时期“文化中国”新形象，增强中华文化的影响力和竞争力。

第二节 文化产业管理的问题及思路

文化产业管理涉及多个方面，从管理范围来看可以大致分为宏观、中观和微观三个层面。所谓宏观管理，即以国家为主体，各级政府对文化产业进行宏观管理和调控。其基本任务是，制定国家文化产业发展战略，保持产业供需基本平衡，促进产业结构优化，监督管理文化市场，引导文化产业的持续、快速、健康发展。中观管理，即对不同区域、不同行业间的文化产业的协调与管理，主要由各级地方政府实施，包括区域性文化产业的布局与发展规划、文化资源的保护与开发、国家相关政策执行情况的落实与监督等。微观管理则主要是指以文化企业为主体的企业管理，包括企业的发展战略、计划、组织、领导、生产、营销及与外部的合作等。

一、文化产业管理存在的问题

随着文化体制改革的深入推进，党和政府高度重视文化产业发展，文化产业由小到大，呈现蓬勃发展态势，整体规模和实力快速提升，产业体系初具规模，经济效益大幅提高，非公资本比重上升，国家支持文化产业发展的政策力度不断加大，文化产业政策体系基本形成。文化产业不仅成为经济发展新的增长点，也是经济结构战略调整的重要支点、转变经济发展方式的重要着力点。

文化产业从获得合法地位到快速发展，并赢得成为支柱性产业的定位，在中国时间还很短，管理的机制办法还不系统，很多领域还有待完善，很多问题亟待解决。

中国当代文化产业管理的完善与很多因素关联密切，与政府职能转变和文化体制改革，与文化业态创新和整个文化产业壮大，与市场经济体制的建立等都有关系。因此，文化产业管理本身就是我国的制度“合理性建构”的一个组成部分。目前，存在的问题主要有以下几个方面。

（一）文化产业社会评价指标从唯GDP倾向走向融合发展中的引领带动

有一段时间，文化产业评价指标单一，重经济功能轻价值引领。文化产业发展一方面带来了经济的价值和效益，文化经济在产业经济格局中的比重越来越大，但由于一段时间只是强调文化产业的经济价值，考量文化产业发展的指标只是落到了占GDP的比重，带来了很多负面效应。“文化产业既然是一种产业，当然要讲产值，要重视提高文化产业占GDP的比重，文化产业占GDP的比重，也确实能够给考察文化产业发展状况提供参考。但如果把文化产业占GDP的比重提到不恰当的位置，作为评判文化产业发展好坏、快慢的标准，这就背离了文化产业的特点和规律。实际上，文化产业占GDP的比重高低，与文化产业发展水平高低、经济发展水平高低并没有直接的因果关系。”① 如今，我们国家文化产业发展呈稳步

---

① 祁述裕．正确认识文化产业的GDP［N］．人民日报，2010-11-23.

提升态势，2015 年文化产业增加值占 GDP 的比重为 3.97%,[①] 达到历史新高，实现“十三五”时期成为国民经济支柱型产业的目标应该可以实现。

文化消费正成为稳增长的重要支点，文化繁荣发展的目标被提高到国家层面，大量资本挺进文化产业，政策的启动作用引领着文化产业发展，但评价指标只注重了经济指标，则掩盖遮蔽了文化指标，忽略了文化产品的价值引领功能，文化毕竟要传播“真善美”、要提供审美的愉悦。因此，文化产业的评估标准要确立综合评价指标，不可偏废。

文化产业管理的评价体系是一个产业发展的导向，要寻求文化价值和经济利益统一，否则，文化产业“双刃剑”效应容易导向唯利是图。经济学讲理性，一味迎合市场只能让文化产业失去魅力，不能健康有序地发展下去，“考察一个国家和地区的文化产业发展状况，不仅要看文化产业对经济发展的贡献率，还要看文化产业在促进文化产业发展繁荣中的作用。”[②]

同时，在把文化产业发展提升到国家战略层面后，国家已经越来越重视文化产业的综合带动功能，在与相关产业融合发展中实现中国产业发展的质量与品质，推动整体经济发展水平的跃升。比如，2014 年 2 月 26 日，国务院以国发〔2014〕10 号印发了《关于推进文化创意和设计服务与相关产业融合发展的若干意见》，力争实现文化与相关产业深度融合，发展创新型经济、促进经济结构调整和发展方式转变、加快实现由“中国制造”向“中国创造”转变，提升文化产业整体实力。在“十三五”时期重点推动的五大新兴产业中，也把数字内容产业发展列入其中，这些具体举措足以说明文化产业的更加重要的地位与价值，凸显了文化产业的综合带动功能。

（二）文化产业管理和文化经济政策合力不足而出现管理混乱

我国文化管理长期实行分业管理的模式，行政机构交叉重叠、条块分

---

① 国家统计局网站．国家统计局社科文司高等统计师殷国俊解读 2015 年及 2016 年上半年全国文化及有关产业有关数据，2016-9-6.

② 祁述裕，等．“十一五”文化政策回顾和“十二五”完善文化政策思路（代序）［M］//中国文化政策研究报告．北京：社科文献出版社，2011：25.

割，存在多头管理、交叉管理的弊端，各自为政，职责不清。比如，对音像市场的管理，不仅有文化、广电两家主管，出版、物价、工商、公安、海关等部门也管，这些部门围绕着同一相关文化内容分别制定政策，从部门管理角度出台各自的规范意见，造成政出多门，基层无所适从。另外，文化产业园区的管理乱象也很有代表性，除了文化部、广电总局、新闻出版总署等传统文化管理部门在命名文化产业园区外，工信部、中国设计行业协会等也加入进来，造成文化产业园区管理的混乱，不利于统一认定评估和有序管理。虽然，近几年的文化体制改革中我们已经对不同文化部门的执法管理机构进行了合并，形成了文化综合执法局，此种情况已经有了很大的改善，但是，文化产业管理和文化政策规范还没有形成完全统一的合力，需要进一步强化相关部门的协调作用，深化文化管理体制改革，规范管理秩序和行政效率。

（三）文化产业发展自身规律认识不清晰

文化产业发展有自身的特殊规律。首先，文化产业发展不同于一般的产业形态，文化是一种积淀，是一种价值内容，发展文化产业的关键在于创意、创新和创造。文化产业发展中首先要遵循文化自身的发展规律，文化产品的生产，文化服务的提供，都要注重文化价值引领的内在规定。不能把文化产业的发展等同于传统工业，以传统思维惯性指导文化产业发展，圈地跃进搞面子工程，更不能重有形建设而忽略无形内容创造。比如，在文化产业园区发展中的“有园无区”，按照传统工业园区思维建设文化园区等问题，就是一个典型症候。文化产品生产最重要的是创新形式、创新内容，没有创新文化产业发展就不可能产生竞争力，原创内容差就会制约文化产业的发展水平。我国文化贸易中的“纽扣现象”，就是文化产业发展中最突出问题之一。

其次，文化产业毕竟是经济类型，因此，也必须遵循市场经济的价值规律，发挥市场在配置资源中的积极作用。文化组织的壮大，兼并重组，各种资本运作都要遵照市场自身的发展要求，政府要减少在文化企业发展中的人为干预，要依托产权规律充分尊重各类市场主体的自身选择。在这里关键是要厘清市场机制和政府管理的边界，完善政府行政管理改革，依法管理文化市场，避免人为因素对市场竞争环境的破坏。

（四）文化产业管理手段依然不够完善

目前，中国文化产业管理过分依赖行政手段，运用经济、法律等其他手段还不够，文化立法缺失和缺位严重，人治代替法治的现象仍然十分严重。不尊重文化企业经营自主权，对于国有文化单位管理中行政干预较多，致使文化产业发展缺乏活力，产业弱小，竞争力差，经营项目结构单一，未能形成一个完整的产业格局。社会资本、外资资本在产业发展中的结构构成不合理，民营资本在文化产业投资中还有很多限制，需要进一步完善政策体系，综合运用各种手段，特别是各类经济杠杆来管理文化产业，强化宏观文化管理，避免对具体文化经营行为的干涉。已经形成草案的《文化产业促进法》，要尽快完成立法过程，推动我国文化产业管理法制化。

此外，在我国文化产业管理中还普遍存在着一些其他问题，诸如文化产业政策不配套，文化企业资金“瓶颈”难以解决的问题；现代文化产业体系新格局不完善，各类市场未能形成统一的培育产业合力的效应；文化产业人才培养与现实需求产生矛盾；全球化背景下产业发展和对外开放与国家文化安全问题等，这些问题都需要在文化产业管理中逐步解决。

二、文化产业管理的思路方向

自 2003 年新一轮中国文化体制改革启动以来，已经从试点到全面推开，成为文化产业发展繁荣持久的推动力量。在未来一段时间，文化产业管理的核心思路是，进一步加大政府引导和市场调节之间的协调力度，加强政府宏观文化管理能力；坚持发挥文化市场在文化资源配置中的决定性作用，尊重“两个规律”，寻求经济效益与社会效益相统一；加强文化立法，依法管理文化内容，综合运用各类手段，从而形成更加统一开放的市场竞争环境。为此，要重点做好以下五项工作。

（一）深化文化体制改革，厘清政府和市场之间边界，进一步转变政府职能

促进政府部门之间合作，简化不必要环节，增强行政的透明化，避免

文化管理形不成合力乃至于相互龃龉矛盾，而降低行政效率。实现政府与企业、事业、社会、市场之间的合理分工，及时将不应该由政府承担的职能转移出去，完全实现政事分开、政企分开、政资分开、政府与中介机构分开。尊重市场经济规律和企业市场主体地位，完善产权管理制度，按照资本与市场的规律引导产业发展，特别是政府不能越界干涉不同性质市场主体的完全竞争行为，破坏市场公平和产业发展环境。

（二）壮大国有文化企业要分类指导

文化企业是市场主体，文化体制改革中，完善市场主体的同时把做大做强国有文化企业作为一个重要目标，以适应国际文化竞争和国家综合国力的需要。自2008年第一次评选全国文化企业30强以来，目前，从八届评选的企业情况综合分析，入选国有文化企业行业分布更加广泛，主营业务收入、净资产、净利润、纳税总额等方面增长迅速，多创历史新高，净资产平均超过了130亿元。这些文化企业的类型多属于文化艺术、出版发行、广播影视、文化科技、旅游娱乐等综合性文化类型，很多已从传统文化行业向综合性文化企业转型发展。同时，为了壮大一些国有新兴行业，比如，新媒体的实力，国家出台了鼓励扶持国有新闻网站有序上市融资增强实力的政策措施，对提高国有文化企业的实力和市场竞争力都是有效的。

但是，并不是所有国有文化企业都能够做大做强。以新媒体行业为例，目前，社会性新媒体企业的实力远超国有文化企业，比如，阿里巴巴、百度等市值远超我国广电产业收入总和。因此，下一步深化改革中要着眼于做大做强国有文化企业，转变为公有制文化经济。因为合并同类型文化单位，虽然提升了国有文化企业的资产总量，但很难做大做强，而且以传统媒体企业为依托做大做强，很难达到预期效果，也会强化国有文化单位的垄断地位，不利于市场竞争。[①] 对国有文化企业要进行分类指导，根据不同行业、不同类型文化企业提出不同发展目标，不要一概而论。

---

① 祁述裕，等．“十一五”文化政策回顾和“十二五”完善文化政策思路（代序）［M］//中国文化政策研究报告．北京：社科文献出版社，2011.

（三）放宽准入政策以鼓励民间资本和社会力量投入文化产业

长期对文化意识形态属性认识的束缚制约了文化经济的发展，国有文化单位转企改制之后又形成了国有文化单位的垄断地位，文化资源集中在国有单位内部，文化产业发展在很多领域都受到影响。尽管我们也曾经出台过相关的政策，鼓励私营和社会资本进入文化产业领域，特别是加入WTO之后面临国外资本的竞争压力，文化产业经营领域的竞争更加激烈，但目前国有资本依然是很多文化领域的主导者，充分的市场竞争并没有完全形成。因此，文化产业管理依然需要降低市场准入门槛，真正给予社会资本国民待遇，从而形成国有资本、外资、私人和社会资本平等竞争、协调发展的市场格局，调动社会力量的潜力发展文化产业。

（四）形成完善统一的文化经济政策体系

文化经济政策的启动和扶持成为中国文化产业发展的最大动力，文化产业发展壮大过程，也成为中国文化经济政策体系形成完善的过程。因为文化产业处于产业培育成长阶段，国家出台了一系列扶持培育完善文化市场主体、深化文化体制改革优惠政策，完善文化组织、文化金融服务、加快新兴产业发展、促进文化产品服务出口、规范文化园区管理等各个方面的文化产业管理政策，初步形成了文化经济政策体系。扶持发展和规范管理并进，政府管理和市场促动同行，政府主导下较短的时期就把社会投资文化产业的热情调动了起来，实现了跨越式发展。但同时，有些领域也暴露了不少问题，未来要更加注重完善财政、金融、税收等方面经济政策，更加尊重产业规律而不是强化了管理忽略了产业成长，更加注重政策的系统性和前瞻性，部门间强化组团和联合，更加注重探索完善融合式管理新路径，适应数字时代文化管理新要求。

（五）打破区域壁垒以形成统一开放竞争有序的文化市场

文化管理体制是在市场经济体制建立过程中逐步建立起来的，从过去计划经济时期的政府办文化，文化生产和服务封闭在原有文化事业单位内部，发展到今天依托市场分立文化事业和文化产业，文化格局已经发生了巨大变化。因此，要提高文化管理的效率就必须进一步深化文化市场开放。文化市场开放既包含对内开放，也包含对外开放。宏观上讲，要整合国际市场和国内市场资源，积极应对全球化和开放政策条件下的文化竞争和挑战，从管理模式到具体产业发展，不论是文化产品和服务还是文化资本要素，不论是文化资本构成还是文化产业格局，都需要在内外协调中发展。从微观上来看，就是构建安全、和谐、健康的文化市场秩序，并建立由法律监管、职能部门监管、行业自我监管、媒体监管以及群众民主监管等众多方面组成的监管体系，多种手段综合运用，做好文化宏观管理。

特别是在不同文化行业内，都要鼓励真正能够实现跨区域、跨行业、跨所有制的重组并购，在区域内乃至全国形成一个统一开放竞争有序的文化市场，实现文化产业发展繁荣。

案例 3

创新发展中的百年巧匠

“创新”是五大发展理念之首，是引领发展的第一动力。在习近平同志的公开讲话和报道中，“创新”一词频繁出现，超过千次，可见其受重视程度。李克强总理在今年两会的政府工作报告中指出要“依靠创新推动新旧动能转换和结构优化升级”。确实，雾霾重重的天气倒逼着我们的产业结构必须转型升级。怎么转型，怎么升级？河北百年巧匠文化传播股份有限公司在相关部门的帮助扶持下通过“文化＋”“互联网＋”实现了跨越式发展，该公司成立于 2008 年 1 月，目前已从最初 3 人组成的小作坊迅速发展成为以研发设计、生产销售木绘拼花手工艺术品为主的“新三板”上市文化创意企业，2015 年销售收入达到 1 604 万元，2016 年达到 2 321.14 万元，较上年同期增长 44.62%，成为河北省通过创新实现产业转型升级的典范。

由石家庄百年巧匠木制品有限公司到河北百年巧匠手工艺品股份有限公司再到现在的河北百年巧匠文化传播股份有限公司，百年巧匠在取得良好经济效益的同时，也创造了更高的社会价值。该公司巧匠始终以践行“工匠精神”为己任，立志做传播优秀传统文化的载体并勇于承担残疾人就业等社会责任，先后吸纳了40多名残疾人大学生就业，并免费为400多人（次）残疾人提供就业培训，目前残疾人员工占公司职工总数近1/3，被中央文明办、国家民政部、中国残联联合命名为“全国助残志愿示范基地”，被河北省残联确定为“残疾人定点培训定点上岗就业基地”。

该企业创新之处主要表现在以下几个方面：

自主创立的“木绘拼花”艺术，被列为中国工艺美术体系新种类

百年巧匠最初只是一家家装材料产品研发、制造型企业，在传承传统工艺“嵌烙刻绘”基础上不断创新自主创立了“木绘拼花”艺术，该工艺被列为中国工艺美术体系新种类。产品兼具艺术与实用双重价值，是适用于家居和公共空间装饰的艺术品，极具收藏观赏价值。该公司为消费者提供“个性化定制、柔性化生产”，2010年参加“上海世博会”，展品被永久收藏。百年巧匠产品进入市场后迅速成长，2015年成为河北省首家在“新三板”上市的文化创意企业。

拥有65项知识产权，并成功使用知识产权抵押贷款

通过不断研发设计，目前该公司已拥有65项知识产权，其中18项为国家专利技术，先后荣获中国国际专利与名牌博览会“金奖”和“河北省知识产权优势培育工程专利奖”。公司总经理郭漫�获2011年度河北省专利工程优秀奖。为了破解融资难题，百年巧匠将知识产权标准化并成功利用知识产权抵押贷款获得第一桶金——170万元，成为河北省第一例获得全知识产权质押贷款的小微企业，“木绘拼花”系列标准已成为地方标准并获得了河北省质量技术监督局颁发的《采用国际标准认可证书》。

独创匠学文化，企业成为发扬工匠精神的典范

影响中小企业发展的另一个难题就是如何保证产品质量，尤其是工艺品市场产品质量良莠不齐。我国是具有五千年文明历史的国家，但百年以上的企业却寥若晨星。为了提高产品品质，百年巧匠怀匠心起步，立志做百年企业。公司总经理郭漫�独创匠学文化，公司始终以弘扬中华传统匠学文化为己任，以“传承、创新、爱心”为企业宗旨，恪守匠人精神，深耕于中华匠学文化科研、教学、投资、海外交流等领域，努力把中华匠学文化创意精品推向世界，公司产品被评为河北省名牌产品质量奖，艺人们的一嵌一刻、一烙一绘无不体现着精益求精的工匠精神。

创新经营模式，努力实现“让中华匠学走出去”

如何让收藏在禁宫里的文物、书写在古籍里的文字“活”起来。百年巧匠在这方面也进行了积极的探索。2015 年 7 月 19 日，百年巧匠与故宫博物院下属的北京故宫文化传播有限公司签订合作协议，双方运用独有的“木绘拼花”手工技艺，让深藏在故宫的皇家藏画走进大众生活，实现了京冀联手，“把故宫文化带回家”。公司不仅在工艺技法上收获着创新带来的经济效益，在经营模式和企业管理上也体现着创新带来的经济效益。该企业与建设银行合作开发的跨境结算支付系统，并发行联名卡——有米多卡 3 万张，用于有米多（Umemall. com）在线支付，实现了外汇实时跨境结算业务。2016 年 5 月 12 日，百年巧匠在洛杉矶与美国汉天传播产业集团签订了总额为 3 500 万美元的出口订单，并以此为契机在洛杉矶着手打造中国的手工艺术奢侈品店，真正让带有中华民族文化符号的优秀文创精品“走出去”，讲好中国故事。

独创透明车间，让消费者随时随地观看订单实时生产

为破解中小企业知名度低的难题，百年巧匠创新思想观念，将绘画车间由封闭到开放，供游人参观欣赏，公司成为石家庄工业旅游示范基地。另外，百年巧匠不仅利用“互联网＋”进行销售，还把“互联网＋”应用在生产制作过程中。当消费者在线上下单后，在产品进入绘画阶段时，客服会利用订单视频跟踪系统为消费者提供生产直播服务，将手工业者的精湛技艺展示给消费者，让消费者了解产品背后的故事，增加其对产品的满意度。基于互联网技术的百年巧匠“透明车间”诚信平台建设得到了国家工商总局主要负责同志的肯定，对百年巧匠走出国门和品牌的创建起到了至关重要的作用。

习近平总书记指出：“要处理好继承和创造性发展的关系，重点做好创造性转化和创新性发展。”百年巧匠是文化创新和“工匠精神”的践行者和受益者，经营理念和发展之路与习近平总书记、李克强总理的要求高度契合，正是对我国的优秀传统文化在传承的基础上进行了创造性转化、创新性发展，才使文化创新成果——“木绘拼花”走出国门，也使“木绘拼花”成为我国的优秀传统文化的载体得以传播，公司也因为不断创新实现了跨越式发展。

思考题

1. 简述文化产业的内涵及分类。

2. 文化产业的特点有哪些?

3. 简述我国文化产业管理存在的问题、思路及方向。

参考书目

1. 何群，等．文化产业管理学[M]．北京：中国人民大学出版社，2016 (4).

2. 牛淑萍．文化资源学[M]．福州：福建人民出版社，2013 (7).

3. 国家“十三五”时期文化改革发展规划纲要，文化部“十三五”时期文化改革发展规划纲要．

第五章
媒体管理

媒体既是意识形态宣传的工具，也是大众消费的文化形态。随着科学技术的发展，不同形态的媒体产品越来越丰富。政府对媒体的管理体制、机制和管理方式、手段必须不断创新，才能适应媒体的发展。

第一节 媒体管理概说

"媒体"一词源于英文"media"，被译为"大众传播媒体"或"媒体"。早期媒体分为"印刷媒体"（纸质媒体）和"电子媒体"。数字技术和网络技术应用到媒体中后，媒体又分为"传统媒体"和"新媒体"。传统媒体即早期的"印刷媒体"（报纸、杂志、图书）和"电子媒体"（广播、电视）。新媒体不是专指某一具体媒介形态，而是指利用数字技术和网络技术，通过有线和无线网络以及卫星等传播渠道，以电脑、手机或其他数字接收设备为终端进行信息传播的新型媒体形态群。其主要包括：门户网站、社交网站、网络搜索引擎、网络报刊等网络类媒体；手机报纸、手机电视、手机图书等手机媒体；微博客等自媒体。[①] 新媒体与传统媒体的最大区别是变单一传播为双向互动传播。

一、媒体定位和布局特点

近年来，传媒领域在现代新技术的支撑下异常活跃，报刊、广播电视、互联网络等媒体及其产品发展势头迅猛，作为意识形态载体，媒体产品也创造了巨大的经济效益。我国的媒体定位和布局经历了一个历史发展过程。

（一）媒体定位

单一强调媒体的"喉舌"功能是早期媒体的定位。新中国成立后，为构建适合新政治制度的新闻管理体系，我国取消了自主经营的报纸，留存

---

① 高宏存．从"新闻危机"到主动引导网络舆论［M］//祁述裕．文化体制改革与文化软实力．北京：国家行政学院出版社，2012：265.

的报纸几乎都是党报。办报所需经费来自国家财政，发行依靠公费订阅。一统天下的报纸媒体定位为党和人民的“喉舌”、党和政府的宣传工具，均属于意识形态的重要组成部分，具有单一的政治属性。20世纪80年代末到90年代初，“信息”和“传播”的概念引入中国后，人们逐渐认识到，媒体不只是宣传工具，它也是信息产品，具有一般商品属性。1992年党的十四大以后，媒体的信息传播、文化娱乐和舆论监督等方面的功能得以确认。1993年6月，中共中央、国务院发布的《关于加快第三产业的决定》和同年12月由国务院转发的国家计委关于《全国第三产业发展规划基本思路》，将“报刊经营管理、广播电视事业发展”正式列为第三产业。1996年，江泽民同志视察人民日报社时又明确指出，新闻媒体“既要宣传，又要经营”。1999年9月，国务院办公厅转发的信息产业部、国家广播电影电视总局《关于加强广播电视有线网络建设管理的意见》，进一步明确了广播电视的产业属性。[①] 2002年，党的十六大提出改革文化体制、发展文化产业，将传媒纳入文化产业的重要组成部分。党的十六届四中全会通过的《中共中央关于加强党的执政能力建设的决定》中，提出了促进文化事业全面繁荣、快速发展文化产业，同时，强调传媒产业化经营不能改变党管媒体的原则。党的十八大对建设社会主义文化强国做出了新的部署，将发展新闻出版事业、开展全民阅读活动、开展“扫黄打非”、加强知识产权保护写入党的代表大会报告中，对做好新闻出版工作提出了更高要求。

近年来，随着《中共中央关于深化文化体制改革推动社会主义文化大发展大繁荣若干重大问题的决定》《国家“十三五”时期文化改革发展规划纲要》《文化产业振兴规划》《新闻出版业“十三五”时期发展规划》《全民阅读“十三五”时期发展规划》等一系列文件相继出台，媒体事业和产业未来发展的目标、路径更加清晰。无论传媒体制如何改革，传媒产业如何发展，新闻媒体都要在宣传党和国家的政策方针、构建社会主义核心价值体系和传播主流文化、构建和谐社会中发挥舆论主渠道作用。在当今市场经济体制下，媒体具有意识形态传播和产业经营双重属性。

---

① 郎劲松，等．社会变迁与传媒体制重构［M］．北京：中国传媒大学出版社，2010：180.

（二）媒体布局特点

中国传媒业经历了由报纸“一枝独秀”，到报纸与广播“双轮驱动”，再到报纸、广播、电视“三足鼎立”，然后是报纸、广播、电视、互联网“四强相争”，如今又进入了报纸、广播、电视、互联网、手机等各种媒介形态相融共生的“多媒体融合并存”的发展阶段，媒体格局在媒介产品的发展中不断调整。[①] 目前，我国媒体布局主要呈现如下特点。

1. 公益性媒体占据意识形态主阵地

公益性媒体如党报党刊、通讯社、电台、电视台，是党的新闻宣传事业的主阵地，是我国现代传播体系构建的战略重点。近年来，随着公共文化服务体系的不断完善，重要公益性媒体进一步扩大了有效传播覆盖面。以广播电视为例，截至 2011 年年底，广播电视成为社会最普及的信息工具，全国广播人口综合覆盖率为 97.06%，全国电视人口综合覆盖率为 97.82%。自 2010 年至今，传统的有线广播电视网络开始数字化、宽带化、交互化、智能化发展，有线网络逐渐与互联网融合发展。根据中国广播电视网络有限公司和格兰研究联合发布的数据，截至 2015 年年底，我国有线电视用户总数达到 25 108 万户，其中双向网络覆盖用户数量达到 13 349 万户，覆盖率为 53.17%；双向网络渗透用户数量达到 4 996 万户，渗透率为 19.90%；个人宽带用户增长加快，已达到 1 800 万户，宽带业务渗透率为 7.17%。2015 年，广电宽带用户增长超过 650 万户，增长幅度达到 55.0%。公益性媒体在宣传党和国家方针政策，主导社会舆论方面发挥着主渠道作用。

2. 经营性媒体是文化产业主力军

传媒业进行体制改革后，媒体产业发展迅速。仅就新闻出版业来说，2015 年，新闻出版产业继续保持较快增长，营业收入突破 2.1 万亿元。全国出版、印刷和发行服务实现营业收入 21 655.9 亿元，较 2014 年增加 1 688.8 亿元，同比增长 8.5%，[②] 是我国文化产业的绝对主力。

---

① 郑保卫．后危机时代世界媒体格局变化与中国新闻传播策略［EB/OL］．人民网，2012-1-12.

② 2015 年新闻出版产业分析报告．国家新闻出版广电总局发布，2016-8-8.

3. 互联网等新兴媒体成为影响巨大的大众传媒

中国互联网络信息中心（CNNIC）2017 年 3 月 22 日发布的第三十九次《中国互联网络发展状况统计报告》中显示，截至 2016 年 12 月，我国网民规模达到 7.31 亿人，互联网普及率达到 53.2%，超过全球平均水平 3.1 个百分点，超过亚洲平均水平 7.6 个百分点。其中，手机网民规模达到 6.95 亿人，占比 95.1%，增长率连续 3 年超过 10%。而台式电脑、笔记本电脑的使用率均出现下降。手机网民和手机终端的发展，极大改变了媒体生态，一个报纸、广播、电视、互联网、手机等“多媒体融合并存”的媒体格局在中国已经形成。从传播角度看，一方面，微博、微信等社交工具与各种资讯客户端（APP）共同发力，极大地提升了新闻资讯传播的范围和速度；另一方面，基于自媒体应用在用户规模方面的优势，新闻素材来源得以极大拓展。社交媒体成为诸多社会热点事件爆发、发酵的源头，并进一步带动传统新闻媒体跟进报道，新的网络舆论态势和传媒环境对政府监管提出新要求。

4. 国家应急广播体系建设正在进行

根据国家应急体系建设总体要求，充分利用无线、有线、卫星等传输资源，综合采取中短波广播、调频广播、移动多媒体广播和数字音频广播等技术手段，以中央人民广播电台为龙头，联结省市县，建立健全应急广播的信息采集播出、传输覆盖、接收等系统，在 2015 年年底前实现应急广播的全国覆盖和稳定运行。

5. 重点媒体走向海外

我国重点媒体已经具备了打造国际一流媒体的良好基础。《人民日报》整合新闻资源系统，加快海外版数字化转型步伐。2012 年 11 月 6 日，《人民日报〈海外版〉》官方网站“海外网”正式上线，标志着《人民日报〈海外版〉》数字化转型建设迈出重要一步。新华社驻外分社超过 140 个，形成比较健全的全球新闻信息采集网络和新闻发布体系。中国国际广播电台建有海外记者站 32 个，使用 61 种语言对外播出。中央电视台海外记者站达到 50 个，开播英语、西班牙语、法语、俄语、阿拉伯语、汉语 6 种语言 7 个国际频道，在 141 个国家和地区落地，海外用户超过 2 亿。《中国日报》形成国内旗舰版、美国版、欧洲版、亚洲版共同发展局面。中新社海外版共覆盖22个国家。人民网、新华网、中国网络电视台的影响力不断增强。①

二、媒体管理体制

改革开放以来，媒体管理体制遵循的基本原则是“党委领导、政府管理、行业自律、媒体企事业单位依法运营”，管理体制呈现“双轨、分级、统一”的特点。

“双轨”是指党的部门和政府部门都参与管理。党委宣传部主要是管思想、管导向、管内容；政府部门担负着将党的政策转化为具体可操作的行政管理手段的职责。“分级”是指媒体管理权下放地方，分级负责。各省市的宣传部、新闻出版局和广播电影电视局进行属地管理，执行上一级党委机关或行政管理部门的政策措施，协调组织辖区各地市县的管理工作。“统一”有两层含义：一是指统一在党的领导下。媒体事业发展总政策是以党委为核心制定的，主要是反映党的意愿和要求，反映广大人民群众的意愿和心声。二是指主要权力统一到中央。中央授权给地方政府和部门部分具体权力与责任，而宏观政策、法规的制定以及报纸、电台、电视台的审批等主要权力都集中在中央一级。②

（一）广播电视业的管理体制

1. 管理架构

新中国成立到改革开放之前，广播电视媒体所有制形式为国家所有。随着市场经济体制的确立，广播电视媒体所有制形式随之发生变化，少数私营制作公司进入广电领域。目前，广播电视媒体的管理体制是：“条块结合，以块为主，双重领导，分级管理”。“条”是指自上而下的各级广播电视管理机构，即各级文化广播电视局或文化广电新闻出版局；“块”指

① 蔡赴朝．发展现代传播体系 提高社会主义先进文化辐射力和影响力［N］．人民日报，2011-11-7.

② 郎劲松，等．社会变迁与传媒体制重构［M］．北京：中国传媒大学出版社，2010：186-187.

的是各级广播电台、电视台等播出机构所在地的党政部门。“双重领导”指的是各级广电机构既受上级广电部门领导，又受同级党委和政府的领导。广播电视管理模式的架构，如图 5-1 所示。

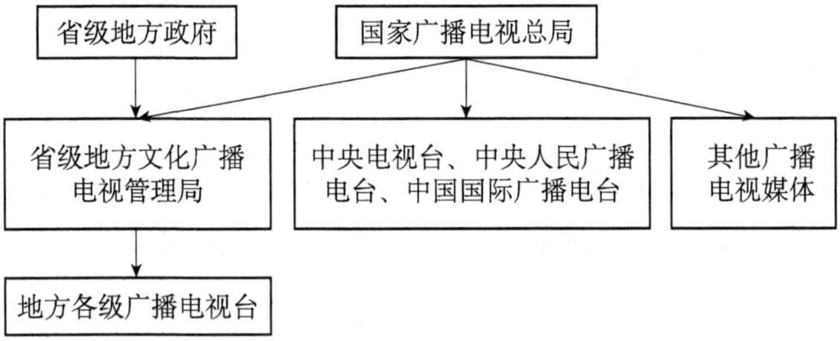

图 5-1　广播电视管理模式架构

广播电视系统实行中央和省、市三级办电视，中央和省（区、市）两级管理的体制，地（市）县以下实行省（区、市）垂直管理，地（市）县广播电视局（文化广电新闻出版局）保留监督管理的职能。

2. 实行制播分离为主的体制改革

广播电视系统长期实行采、编、播一体化的生产模式，节目自产自播，缺乏竞争机制，广播电视精品节目较少。实施制播分离体制的目的是拓展节目的生产渠道，调动全社会的力量来生产丰富多彩的节目。2003 年 12 月，国家广电总局颁布实施的《关于促进广播影视产业发展的意见》中，提出了广播影视体制改革的政策措施。要求广播电视把允许经营的资产、资源和业务从目前的事业体制中分离出来，面向市场进行企业转制和重组，与事业部分分开管理、分别运营。其具体措施是：

（1）把电台、电视台、广电集团（总台）的除新闻宣传以外的社会服务类、大众娱乐类节目，特别是影视剧的制作经营，从现有体制中逐步分离出来，按照产业发展的方向和现代产权制度、现代企业制度的要求组建公司，实行所有权与经营权分离、制作与播出分离。

（2）对于产业经营前景比较好、具备企业化运作条件的，如体育、交通、影视、综艺、音乐、生活、财经、科教等频道频率，在确保频道频率不出售、节目终审权和播出权受控于电台、电视台的前提下，经批准可组建公司，探索频道频率企业化经营。

(3) 允许各类所有制机构作为经营主体进入除新闻宣传以外的广播电视节目制作业，允许境外影视制作机构与境内国有电视节目制作单位，并合资组建由中方控股的节目制作公司。

(4) 电台、电视台和广电集团（总台）内部进行重组或转制为企业的单位，在确保控股的前提下，可吸收国内社会资本进行股份制改造，同时，条件成熟的广播电视节目（包括电视剧）、生产营销企业经批准可以上市融资。

（二）新闻出版业管理体制

1. 三级管理模式

与广播电影电视管理类似，新闻出版管理实行的也是内容管理和行政管理“双轮驱动”。管理上分为三级：第一级是中宣部和国家新闻出版广电总局；第二级是各省市自治区宣传和新闻出版广电局；第三级是新闻出版的主管单位、主办单位、出版单位等。新闻出版行政管理部门与报社、出版社（新闻出版管理部门自己创办的除外）之间不存在直接的上下级隶属关系。由于报刊种类繁多，报刊相互间的主旨和服务对象也有很大差别。因此，新闻出版活动实际实行“属地管理”原则，即由报刊社、出版社所在地的新闻出版行政管理部门［各市（地）、县的文化广电新闻局］对其实施管理。但“属地管理”在具体实施中无统一模式。通常认为，新闻出版活动的出版环节是省级以上新闻出版行政部门监管的重点，而市场成熟度较高的印刷、发行环节则是省级以下（即属地）新闻出版行政部门日常监管的重点。

2. 实行“两分开”管理体制改革

近些年，新闻出版领域进行了“两分开”的管理体制改革。公益性和经营性两分开。在国家层面上，新闻出版行业分为两大类：一是公益性事业。新闻方面保留党报党刊作为公益性事业单位。出版方面保留出版党和国家的文献、马列著作、盲文、少数民族文字书籍和藏学研究方面的四家公益性出版社。公益性文化单位是事业管理体制，坚持政府主导、搞活机制、增强活力、改善服务的原则，着重做好党和国家的宣传工作。二是经营性产业。除公益性事业单位外，其余新闻出版单位全部转企改制，按照现代企业制度进行内部管理，并作为独立的市场主体参与市场竞争。采编、宣传与经营两分开。在集团企业层面上，报业、出版集团按照“报纸宣传与经营业务分开、新闻采编队伍与经营管理队伍分开”的要求，对集团内部管理体制进行了改革，从而形成集团体制内两个相对独立的组织系统，以确保新闻报道真实、客观、公正。

三、媒体管理改革和发展趋势

近二十多年来，因为新技术的推动，媒体发展日新月异，不同形态的媒体在数字平台上也出现了边界模糊、跨界融合的趋势，中国媒体媒介管理的思路和体制机制面临变革与挑战。总体趋势概括为以下几个特点。

（一）寻求意识形态安全与媒介产业发展的平衡机制

在市场化导向的文化管理体制改革中，现实因素诱使传媒角色实现了多方面转换，媒体由以往的单一政治宣传工具转变成集多种功能为一身的综合性媒介，大众文化的繁荣更进一步加速了媒介的商业化发展，我国传媒已由纯粹的“意识形态媒介”过渡为“意识形态和文化产业双重属性媒介”。不仅如此，深化市场经济体制改革和加入 WTO 的国际竞争背景，给我国传媒业带来了巨大的外部竞争压力。为保证意识形态安全，稳定主流舆论阵地和空间，更好地传达主流声音，真实地向世界介绍中国，塑造开放型中国的新形象，提高国家文化软实力，增强传媒竞争力，我们则需要大胆地创新体制，进行“合理性制度构建”，寻求国家文化安全和产业发展相平衡的机制，全面提高我国传媒业的传播水平和影响力。

（二）产业融合呼唤相应的规制和管理模式

目前，融合发展已成为媒介变革趋势，传统媒体和新兴媒体相互借势，数字技术、网络技术带动了电信网、互联网和有线电视网三网融合。尤其是“三网融合”，不仅是技术融合、行业融合，更是业务融合、终端融合和网络融合。“三网融合”将全面打破广电、电信、互联网分业经营的格局，推进文化管理体制改革，为文化产业的内容创新提供契机。移动多媒体广播电视、网络广播电视、数字广播电视、手机广播电视等新一代广播电视，电子报纸、图书等新一代出版传媒，各种跨区域的文化生产基地和产业链生成方式等，都将给我们的文化生产消费模式带来翻天覆地的变化。数字内容将实现信息跨媒共享、资源跨行配置、文化跨域交流，传统的文化产业业态将发生根本转变，逐步实现报纸、广播、电视、杂志、音像、电影、出版、网络、电信、卫星通信等媒介形式深度融合。

媒体生态变局与舆论生态多元的管理困局，必然要求打破壁垒森严的行业分割、纵向一体化媒体市场结构，从中寻求新的融合规制管理模式。特别是面对体制内主流媒体边缘化趋势，应当放宽新媒体管制，成立统一的媒介管理部门，改变现在的分业管理模式，弥合因话语割裂形成的多元舆论场对立状态。特别是要在“三网融合”实践中放开广电、电信交叉进入门槛，深化产业推进步伐，从产业竞争力上提高媒介影响力，以适应媒介行业发展的要求和趋势。

（三）探索传播内容与网络平台分离的规制模式

如何更加有效地对文化内容进行管理，一直是文化管理中的重要问题。目前，我国文化内容管理的手段比较单一，法制化建设步伐滞后于内容产业发展的步伐。由于治理传统和分业管理的实践，政府文化管理多从行业部门管理角度出发，在数字技术整合了所有传统的媒介生产、传播和消费模式后，这种管理思路导致文化内容管理人为割裂，同一个文化内容在不同传播阶段分属不同的部门管理，容易导致出现监管空当地带，从而降低监管效率。有鉴于此，在文化内容监管上，要尝试对媒介文化内容与平台载体实行分离式管理模式，只要对文化内容进行有效管理，就能够有效管理媒介。为减少内容管理的随意性，内容管理的法制化、程序化建设将是我们未来努力的方向。

（四）完善传媒国有文化资产管理体制

传统传媒在我国曾长期属于国有文化事业单位，市场化改制中资产性质依然属于国有。但新媒体领域的资产就要复杂得多，许多拥有新闻频道的商业网站，其运营资本来源于私人或社会，甚至拥有外资背景。因此，未来改革中要积极探索更加有利于传媒产业发展的国有文化资产管理机制和方式，形成结构布局合理的传媒资产结构，推动传媒行业成为真正的市场主体参与市场竞争。特别是要更加注重我国新兴媒体的发展，注重培育具有国际影响力的国有新媒体企业，既能保证国有资本的主导地位和发挥传媒主阵地功能，又扩大了我国传媒的国际竞争力和影响力。

第二节　传统媒体管理

传统媒体的双重属性和“两分开”“制播分离”等体制上的变革，决定了政府对媒体的管理必须遵循“区别对待，分类指导”的原则。对公益性媒体事业单位，应加大投入，鼓励其积极走向市场，实现多渠道、多形式增值。对经营性媒体单位，应健全完善党委领导、政府管理、行业自律、传媒企事业单位依法运营的管理体制，培育市场主体，完善传媒市场体系。

一、新闻出版管理

自 2003 年以来，我国新闻出版业经历了转企改制、组建出版集团、跨地区跨行业重组和上市融资等发展进程。目前，经营性图书、音像出版社基本完成改制，2 400 多家非时政类报刊已转制或登记为企业法人，10 万家印刷厂、1 万多家国有书店转制，120 多家新闻出版企业集团成功组建。经过九年的改革发展，我国已建立起了较为完整的新闻出版体系。新闻出版业不仅肩负着培育社会主义核心价值观、增强社会主义意识形态吸引力和凝聚力的重要使命，也是经济发展新的增长点和加快转变经济发展方式的重要着力点。改革中的新闻出版业成就辉煌，但也面临着新的问题和挑战。

（一）新闻出版业发展面临的问题

1. 意识形态属性与产业属性冲突加大了管理难度

新闻出版业的改革和发展，带动了地方经济的发展，但是，一些地方政府高度重视新闻出版产业发展，却忽视新闻出版业的意识形态安全。有的盲目要求审批建设印刷厂和出版物批销市场；有的不顾印刷业属于特殊行业的规定，随意将印刷厂出售、租赁或交由他人经营；还有的不经过主管部门批准就引进外资进行合资或外商独资经营印刷。某些期刊、出版社则以各种隐蔽的形式外包部分版面，随意扩版增刊以谋取经济利益等。与此同时，在新闻出版产业化过程中，书刊、报纸零售业和印刷、复制经营企业增长迅速，由于更多的社会成员进入这个行业，以致新闻出版业的从业人员结构日趋复杂。利益的驱动也导致市场非法出版物猖獗。新闻出版业的管理比以往任何时候都要困难。

2. 体制不健全，新闻出版管理深层次难题多

新闻出版体制改革触及的深层次矛盾和问题，主要集中在非时政类报刊出版单位转企改制和报刊图书市场监管等重点领域及关键环节。

(1) 行政配置资源体制下的报刊分属不同部门，报刊数量多、资源分散，管理混乱，不同所有制形式制约着报刊资源的整合，部门所有制尚未彻底打破。

(2) 按现行政策规定，国家不允许外国资本和民营资本进入传统的新闻媒体领域，报刊无论以何种方式形成的资产全部都要是国有资产。如果有社会资本隐蔽违规进入新闻媒体领域，一旦核实资产，清理问题就会凸显。

(3) 一些地方政府对中央规定的支持报刊改革的政策，如土地、税收、资产处置和不良债务清理等没有落实。

(4) 改制过程中，经济效益、市场开拓好的报刊主动转制，但效益差、甚至负债经营的报刊，无力担负转制成本，如何退出市场，政策和机制尚不明朗。此外，报刊、图书市场多头管理的问题也很突出。

3. 调整变化中的媒体格局给市场主体带来挑战

技术、市场和体制合力推动媒体格局不断变化，媒体间各种力量对比与组合的结构经常处于序列易位和要素重组，直至形成新的媒体格局。

(1) 新媒体的发展倒逼新闻出版产业格局调整。当网络媒体和移动媒体快速发展时，报刊等传统媒体开始趋弱。新闻出版业必须顺应新形势，依靠高科技应用，通过不断创新产品形态，调整产业形态格局，快速发展

数字出版、数字印刷、数字发行等新业态。

(2) 世界媒体格局变化带来发展动力，也带来文化安全隐忧。目前，世界媒体格局是“美国独大”“英法德等多强争雄”“亚非拉等新兴传播国家群体兴起”。我国作为新兴传播国家的一员，传播力和影响力也在逐步提升。国际金融危机之后，我国加强了国际传播拓展的力度，影响不断扩大。但是，世界新闻信息与文化语言传播的“数字鸿沟”依然存在，中国传统文化和文化安全将面临巨大挑战。①

(二) 加强新闻出版业管理的措施

新闻出版业“十二五”规划确立了发展的目标任务，针对改革和发展中的问题，提出了加强新闻出版业管理的具体措施。

1. 强化审查责任，确保新闻出版成为社会主义舆论主阵地

“舆论导向正确，是党和人民之福；舆论导向错误，是党和人民之祸”。各级管理部门应明确职责，强化分级管理责任制，落实“谁主管谁负责”“谁审批谁把关”的行政管理制度，保证新闻出版产品内容健康。对重点任务、重大项目和重要工作实施目标倒逼机制，统筹协调落实领导责任。

2. 严格准入制度，解决出版物过多过滥问题

新闻出版的意识形态属性决定了新闻出版企业不同于一般企事业单位，必须严格遵守准入制度规定。建立新闻出版主管部门与公安、工商等部门的协同配合机制，明确执法主体，完善执法程序，共同把好进口关，避免新闻出版过多过滥，以保证出版市场的正常秩序。

3. 完善新闻出版法规，依法行政管理

地方政府应根据国家《著作权法》《新闻出版条例》等法律法规，制定适合本地情况的地方法规，为地方新闻出版管理提供易于操作和实施的执法依据，以保证执法的有效性。按照中央和省级新闻出版主管部门的要求，根据本地实际情况，抓好常规性执法，制定“扫黄打非”的长效管理检查机制，以便清除新闻出版市场的“精神垃圾”。

---

① 郑保卫．后危机时代世界媒体格局变化与中国新闻传播策略［EB/OL］．人民网，2012-1-12.

4. 明确部门管理职责，加大市场监管力度

市场监管涉及新闻出版管理、文化执法、工商管理以及公安等多个职能部门。在查处违法违规行为过程中，各部门应明确职责，分工合作，加大执法的力度和广度，避免出现执法真空，以保证新闻出版市场健康发展。

5. 抓好队伍建设，提高管理人员素质

新闻出版业需要一支懂得法律、熟悉政策、通晓市场规律、具备政治素质和业务素质的管理队伍。要加强新闻出版干部队伍的教育和培训，使其切实担负起管理责任。

二、广播电视管理

我国广播电视事业和产业稳步发展，目前，已建成世界上覆盖人口最多，中央与地方、国内与国外相结合，有线、无线、卫星等多种手段并用的广播电视网。科技创新进一步推动了网络广播电视台、移动多媒体广播电视（CMMB）、IPTV、互联网电视和手机电视等广电全媒体高速发展，3D电视也取得突破性进展。由于广播电视既是政治宣传的手段、新闻传播的媒介，又是文化教育和娱乐休闲的载体，其管理难度较大，问题也较多。

（一）广播电视发展与管理存在的主要问题

1. 社会责任与产业发展相冲突，节目内容同质化、低俗化和庸俗化

由于我国广播电视业的相关法规制度不够健全，一些机构投入了大量的资金和人力开发出的节目形态一旦成功，将会立即被各类制作公司跟风模仿甚至“克隆”，从而造成节目同质化和市场恶性竞争。也有某些机构社会责任意识缺失，为了追求收（听）视率，抢占市场广告份额，崇尚“娱乐至上”，甚至公开制作播出伤风败俗的节目。

2. 行政管理体制与产业市场扩张相冲突，节目资源、行业资源浪费严重

我国广播电视行政区域化发展的格局，形成了“条块结合，以块为主，分级管理”的行政管理体制，行政边界就是广电传媒市场的边

界。广播电视播出机构多，节目套数多，频道频率高，耗费大量人力物力制作出的节目只能在很小范围内播出。产业规模小，产业链落后，产品雷同，产业集中度低，广播电视综合竞争力也受到严重影响。同时，属地管理和条块限制，致使广电业跨地区、跨媒体、跨行业发展步履艰难。①

3. 管理手段与体制改革进程相冲突，广播电视管理法源依据不完善

我国广播电视管理主要依靠法律法规、行政政策和媒体业自我约束等手段。《广播电视管理条例》是目前管理广播电视活动的基本依据。而随着广播电视数字化和新媒体蓬勃发展，《广播电视管理条例》不仅不能满足当前广播电视管理的需求，也不能满足“三网融合”后广播电视全媒体的管理要求。广播电视制播分离改革也已进入实质性实践过程，但与制播分离改革相配套的政策措施仍相对滞后。比如，为民营制作公司提供同国有制作企业平等市场主体地位的相关行业政策缺乏；制播分离改革具体操作细节没有明确规定；制播分离的内容引导和激励政策也未能相应配套等。因缺乏政策保障，致使媒体企事业进行跨地域、跨媒体、跨行业合作发展难以推进。

4. 事业单位性质与模糊的产权归属相冲突，广播电视业发展“瓶颈”显现

根据《广播电视管理条例》，广播电视的频谱资源归国家所有，广播电台电视台由县级以上广播电视行政管理部门开设，因此，我国的广播电视产权制度结构特征是国家一元主体下的事业单位体制。随着广播电视产业性质的确立，广播电视经营主体自我资本积累必将日益增多，资本结构事实上已变为国家投入、广电机构自身资本积累投入和社会资本借贷经营等多元结构。但现行法规政策尚无这种多元结构下的相关产权规定。产权不明晰影响了广电机构资本积累的积极性，直接造成发展内在动力不足。②随着广电数字技术与业务的发展，当前的产权制度规定越发不适应数字化发展背景下的管理要求。

---

①② 周旻，等．中国广播电视事业产业协同发展历程与模式研究［J］．中国广播电视学刊，2009（1）．

5. 节目评估标准单一与节目价值多元相冲突，节目评价体系不够完善

广播电视节目评估的方法和标准对节目的生产有导向作用。我国广电节目评估的方法、方式和标准，经历了一个从政治化到市场化的过程。政治化时期是政治标准第一，市场化背景下又一味强调收（听）视率。作为目前许多广电机构评价节目、栏目质量最重要的标准，收（听）视率高低不仅影响广电机构的广告收入，甚至可以决定栏目和工作人员的去留。无论是政治标准还是收（听）视率标准，一旦成为唯一标准，节目评估必将产生异化。评估异化将直接影响节目内容制作的导向。

6. 新媒体信息传播快捷与传统媒体信息传播迟缓相冲突，广电主流媒体地位受到挑战

“自媒体”时代，每一个人都可以通过播客、微博、微信成为信息发布的主体。自媒体的便捷和快速传播力是一把“双刃剑”，它既可以是信息传播的快车道，又可能是谣言的发源地。广播电视作为传统主流媒体，其具有无可比拟的权威性和公信力，但广播电视现有体制和运行机制难以与自媒体比速度。所以，在公共管理尤其是危机管理中，广播电视等主流媒体如何尽早占据主动，引导社会舆论，成为政府管理部门必须认真思考的重大问题。

（二）广播电视业发展的任务和管理措施

1. 广播电视业发展的任务

根据党的十八大精神，今后的广播电视系统将进一步强化广播电视主流媒体功能，繁荣影视文化创作；加快构建广播影视公共服务体系、广播电视现代传播体系；进一步强力推进“三网融合”；加强广播电视科技创新及相关标准制定。

（1）强化广播电视主流媒体功能。广电领域最重要的任务是高举中国特色社会主义伟大旗帜，坚持社会主义文化前进方向，大力弘扬社会主义核心价值体系，坚定不移地走中国特色社会主义文化发展道路。

坚持正确的舆论导向。坚持“三贴近”原则，提高主流媒体的吸引力和凝聚力。做好重大突发事件新闻报道，健全应急报道和舆论引导机制，提高时效性，增加透明度。切实加强对社会热点问题引导，加强舆论监督

工作。高度重视和加强网络广播影视、手机广播影视的发展和管理，抢占舆论高地，掌握舆论引导主动权，扩大宣传覆盖面，提高主流舆论传播力、影响力。加快发展移动多媒体广播电视、手机电视和车载、楼宇电视等公共视听载体，加强 IP 电视、手机电视等新媒体集成播控平台建设，以便更好地发挥各类信息网络设施作用。特别是要以满足人民精神文化需求为出发点和落脚点，培育一批网络视听新媒体内容创作生产的骨干企业，不断推出体现一流水准、代表中国形象的网络视听节目产品，努力打造国内外知名的视听新媒体内容品牌，使网络视听新媒体成为壮大主流舆论、播放精品力作的重要阵地。

（2）推进广播电视公共服务发展。村村通向户户通的转变。在有线电视网络未通达的农村地区大力实施直播卫星公共服务工程，使广大农民能免费收听收看到 40 多套音质图像清晰的广播电视节目，2012 年达到 5 000 万户，2013 年达到 1 亿户，2014 年达到 1.5 亿户，2015 年全面完成 2 亿户农村家庭入户任务。目前，各地正在加快推进广播电视村村通向数字广播电视户户通的升级工作。加强少数民族语言节目译制、制作、播出，进一步提高边远少数民族地区广播电视覆盖水平。

（3）加强应急广播体系工程建设。充分采用各种技术手段，至 2015 年年底前建立健全统一联动、反应快捷、覆盖广泛、安全可靠的应急广播信息采集播出、传输覆盖和接收系统，实现应急广播全国覆盖和稳定运行，进而更好地发挥广播电视在应对突发公共事件中的重要作用，发挥公共服务功能。

（4）加快广电行业发展方式转变。目前，我国文化产品仍是数量大国而不是强国。2010 年我国上映了 526 部电影，创造了 102 亿元的票房。其中，国产影片占 56%，实际票房才 57 亿元，而一部美国电影《阿凡达》就收入 168 亿元。[①] 2016 年，中国电影累计票房 457.12 亿元。国产电影整体质量下滑，公映的 417 部国产片，豆瓣评分 7 分以上的仅 14 部[②]。运用市场机制，将政府主导和市场机制相结合，加快转变发展方式，从数量增长转到

---

① 蔡赴朝．广播影视领域改革和发展［M］//国家行政学院进修部．文化体制改革和文化建设．北京：国家行政学院出版社，2012：84.

② 南方财富网．http：//www.southmoney.com/redianxinwen/201701/986098.html.

质量提高，从外延式扩张转向内涵式发展，进而成为转型升级的关键。

（5）以科技创新抢占广播电视发展制高点。有线网络整合是广电立足于“三网融合”发展的基础。要实现一省一网，推动有线电视网络数字化、双向化改造、网络互联互通、升级换代和推广高清交互、有线支付、可视互动等新业务发展。同时，组建国家级广播电视网络公司，逐步实现全国有线电视网络统一规划、统一建设、统一运营、统一管理。完善3D电视频道产业链，将3D电视采、编、播、存系统建设和标准制定提到日程上。加强高清电视节目制作与播出，提高自制节目中高清节目尤其是高清影视剧的比例，在引进境外影视剧时，应优先考虑高清版本，引进高清影视剧数量和比例须达到总局要求。广电云计算的需求与标准，培育广电云计算产业链等，也是未来亟待解决的问题。

2. 广播电视业管理措施

广播电视业未来发展的目标清晰，任务艰巨，面对的问题复杂，各级管理者需要探索新的管理依据和管理手段，以适应广电业发展的新形势。

（1）制定广播电视专门法，为广播电视管理提供法律依据。我国尚未制定针对广播电视活动的专门法律，要抓住广播电视数字化发展和“三网融合”发展的契机，制定符合“三网融合”下广播电视管理特点的广播电视专门法，来确定广播电视管理的法律依据。

（2）加强广播电视新业态内容监管，保证播出信息安全。随着数字技术的不断发展，互联网、IPTV、手机电视、用户网民自制内容（UGC）等基于网络和数字技术的新媒体形态层出不穷，广电管理部门需要探索三网融合下的广播电视和新媒体内容监管的体制和机制，进一步加强对新媒体业态的监督、监控，确保广播电视和新媒体输出的信息安全，维护国家的政治安全和社会稳定。

（3）开发利用频率资源，推动广播电视业发展。数字广播电视频道占用的频率带宽明显比模拟广播电视频道占用的频率带宽少。广播电视行业完成数字转换后，势必会在原有的广播电视频率资源中节约出部分频率资源。要积极探索和利用这部分频率资源开展新业务，推动广播电视产业发展。

案例 4

今日头条与纸媒版权纠纷①

手机应用“今日头条”的口号是“我们不生产新闻，我们是新闻的搬运工”。但在传统媒体看来，它把众多传统媒体原创的内容“搬运”到“头条”上，卖“货”的收入却收为己有，是名副其实的版权侵权。《新京报》是传统媒体中打版权官司最多、并且经历最坎坷的，曾经跟一家地方新闻网站打了整整三年的官司，遭遇各种行政干预和地方保护，甚至被当地法院判决将 7 706 篇被侵权的文章，拆分成 7 706 个官司一个一个起诉。最后他们将官司打到省高院、最高人民法院，并拿到了赔偿，用实际行动为传统媒体版权维护走出一条路。

不过，大多传统媒体认为，即使新媒体公司支付传统媒体版权使用费，相对于生产内容的成本而言也是很低廉的，并不能从根本上扭转传统媒体广告下滑的现状。“如果传统媒体不进行维权而任人使用内容，那么传统媒体势必会变为一个内容的无偿生产者，其自身的发展空间将越来越小。”北京印刷学院新闻出版学院教授、致力于数字出版研究和舆情分析的张志林认为，“今日头条”事件更应该放在传统媒体生存的大环境下去审视，更深层地挖掘新闻背后的法律责任，以促进缺失法律的完善，最终实现推动产业发展的目的。

“今日头条”首席执行官表示，“今日头条”希望好的内容找到好的读者，通过这样的方式让有想法的创新媒体找到新的变现方式。《新京报》负责人说，传统媒体很看重通过渠道合作达成的共赢，在内容和渠道共同合作的基础上探索新模式实现共赢，始终是媒体发展的理想状态。在不侵犯双方利益的前提下，对于创新型互联网企业来说，可以创新合作模式，不单是版权合作，传统媒体和新媒体达成内容和渠道的融合发展，也可以优势互补，取长补短，取得双赢。张志林也认为，合作共赢的发展方向在传统媒体与新媒体间早已达成共识，毕竟打压“今日头条”并不能让传统媒体在新媒体时代的日子更加好过。

---

① 此案例主要根据《今日头条与纸媒纠纷持续发酵 暴露行业旧疾》http：//news. sina. com. cn/m/2014-06-13/121930354021. shtml 改编．

第三节 新媒体管理

新媒体管理主要指网络媒体管理和依托于网络出现的各种社会性媒体管理。由于互联网络没有边界、时空的限制，网民在网络上能享受到较为充分的信息自由权，各种凸显的网络问题对政府网络新媒体管理提出了挑战，虚拟社会治理也已经成为政府管理的新课题。

一、网络新媒体监管机构和内容

网络是一个综合体，它既是一个通信工具和商业平台，也是一个巨大的产业群落。网络孵化了各种新的文化产品，如各种网络出版物、网络视听产品、网络游戏等创意文化产品，成为最具成长性的文化行业，是近年来传媒产业的主要增长点，移动传媒与互联网成为传媒产业发展的主力和动力。网络新媒体作为网络经济的载体、经济结构转型升级的平台利器、各种新型文化产品传播消费的介质，需要我们完善扶持性产业政策，以促进网络规范和新媒体发展。从图 5－2、图 5－3 可以看到我国传媒行业发展的整体状况与趋势。

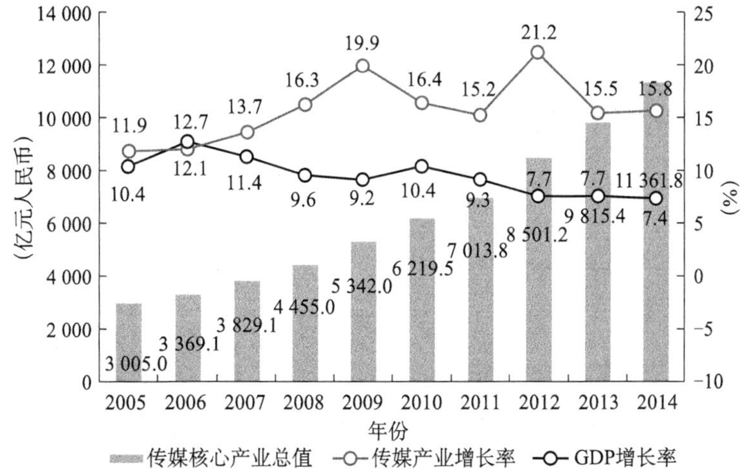

图 5－2 2005—2014 年中国传媒产业总值与增长率及 GDP 增长率

资料来源：清华大学传媒经济与管理研究中心

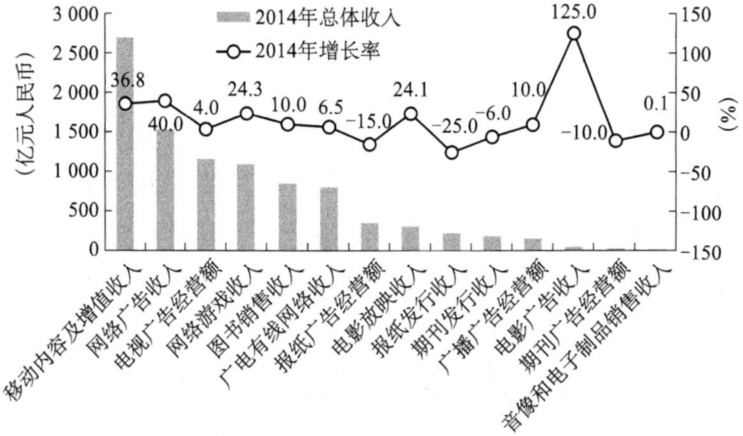

图 5-3　2014 年中国传媒产业细分行业市场规模及年增长率

资料来源：清华大学传媒经济与管理研究中心

（一）网络监管机构

随着网络新媒体的发展，我国政府也加强了对网络新媒体的监管。根据 2000 年 9 月国务院颁布实施的《互联网信息服务管理办法》第 18 条，信息产业主管部门和省、自治区、直辖市电信管理机构，应依法对互联网信息服务实施监督管理。新闻、出版、教育、卫生、药品监督管理、工商行政管理和公安、国家安全等有关主管部门，在各自职责范围内依法对互联网信息内容实施监督管理。2010 年《中共中央办公厅国务院办公厅关于加强和改进互联网管理工作的意见》中提出，要按照“统分结合、相对集中、职责明确、权责一致”的原则管理互联网。2011 年 5 月 4 日，国家互联网信息办公室挂牌成立，成为我国针对互联网信息内容的专门主管机构。至此，将原来相对分散在多个部门的互联网管理职责整合集中起来，针对互联网的管理，形成以国家互联网信息办公室、工信部、公安部三个部门为主的分工负责与合作机制，分别就互联网信息内容、互联网行业发展和打击网络违法犯罪等进行管理。2014 年，中央网络安全与信息化领导小组办公室成立，以便整体协调管理互联网，把网络安全上升到国家整体安全战略的组成部分。习近平总书记在第一次领导小组会议上指出，

"没有网络安全就没有国家安全，没有信息化就没有现代化"。同时，文化、广电、教育、新闻出版、工商和国家安全、保密等相关部门，根据各自职责，协同共管互联网。相应地，地方政府也在加快互联网信息内容管理机构的建设。根据各部委制定的网络管理部门规章，目前参与网络新媒体管理的行政机构可分为四类。

1. 接入监管部门

工信部门与工商部门是我国网络新媒体的接入管理部门。工信部颁布的法规主要集中在网络接入、域名和 IP 地址管理、电子邮件、电子公告服务、整治互联网不良信息等领域。工信部执法的主要形式是审批和备案。对经营性的网站审批，对非经营性的网站备案。同时，根据《互联网电子公告服务管理规定》，还对开展电子公告服务的企业进行许可证审批。工商部门的主要职责是负责互联网上营业场所的营业执照管理，对无证经营、超越范围经营等非法行为进行查处。

2. 安全管制部门

公安部门与国家安全部门是网络新媒体的安全管制部门。公安部的主要职责是：监控网上反动、淫秽等有害信息；监督互联网经营、服务单位和网上服务营业场所的安全审核、安全管理软件的安装和安全监督管理；依法惩处网上违法犯罪行为。安全部门的主要职责是对境外有害信息提出封堵网站名单并通知有关部门封堵，按照有关规定履行互联网信息安全管理职责。

3. 内容管制部门

国家互联网信息办公室和各地方政府互联网信息办公室是互联网内容管理机构，是网络新媒体最直接的内容管制部门。其主要职责包括：落实互联网信息传播方针政策和推动互联网信息传播法制建设，指导、协调、督促有关部门加强互联网信息内容治理，负责网络新闻业务及其他相关业务的审批和日常监管；指导有关部门做好网络游戏、网络视听、网络出版等网络文化领域业务布局规划，协调有关部门做好网络文化阵地建设的规划和实施工作；负责重点新闻网站的规划建设，组织、协调网上宣传工作，依法查处违法违规网站，指导有关部门督促电信运营企业、接进服务企业、域名注册治理和服务机构等做好域名注册、互联网地址（IP 地址）分配、网站登记备案、接进等互联网基础治理工作；在职责范围内指导各地互联网有关部门开展工作。

4. 配合协调部门

网络媒体管理的配合协调部门主要指文化部门、新闻出版广电部门。随着网络技术和数字技术的不断发展，传统媒体行业开始数字化升级，一定程度上拓宽了新闻出版广电部门的职能范围。新闻出版广电部门负责互联网出版活动及版权的监督管理，负责境内网站通过互联网传播电影和广播电视节目的审批与监督管理，管制范围涉及在互联网等信息网站中开办各种视听节目，播放影视作品和音视频新闻，转播、直播广播电视节目及以视听节目形式直播、转播体育比赛、文艺演出等各类活动，则管理形式主要是审批《新闻出版业务许可证》和《网上传播视听节目许可证》。

另外，还有其他一些部门也参与监管网络，比如，国家保密局在网络安全和保密方面给予监管；国家知识产权局负责保护互联网环境下的知识产权；国税总局、商务部等部门也有推进电子商务发展的职能。

当然，还有两方面特殊情况：一是有关网络方面的法律和综合性法规主要由全国人大常委会和国务院制定。全国人大及其常委会通过立法，维护网络新媒体的安全运行和商业活动的开展，如《电子签名法》（2004 年）、《关于维护互联网安全的决定》（2000 年）、《关于加强网络信息保护的决定》（2012 年）等。国务院（或通过国务院办公厅）围绕中国计算机网络国际联网、域名管理、互联网新闻信息服务、保护信息网络传播权等领域制定相关政策，为网络新媒体发展提供政策保障。二是网络管理和服务机构即中国互联网络信息中心（CNNIC），负责管理维护中国互联网地址系统，引领中国互联网地址行业发展，权威发布中国互联网统计信息，代表中国参与国际互联网社群活动。在网络新媒体行业，CNNIC 主要以倡导自律公约的形式发挥作用。目前，其已通过了两个自律公约，即《互联网地址资源服务行业自律公约》和《博客服务自律公约》。

（二）网络管理的核心内容

网络管理中涉及的核心内容可归纳为四个方面：网络基础设施的法律

规范、信息服务的管理、传播权利的保护和不良信息的整治。

1. 网络基础设施的法律规范

涉及网络基础设施管理的法规主要包括《中华人民共和国计算机信息网络国际联网管理暂行规定》《中国互联网络域名注册暂行管理办法》《中华人民共和国电信条例》三部法规，分别实现了我国网络的国际联网、域名管理以及电信业务的有效开展，为网络发展提供了先决的基础设施保障。

2. 信息服务的管理

网络作为一个新兴媒介，与它的媒体价值关系最为密切的首先是信息服务。涉及该议题的法规较多，其主要有《互联网信息服务管理办法》《互联网电子公告服务管理规定》《互联网站从事登载新闻业务管理暂行规定》《非经营性互联网信息服务备案管理办法》《互联网新闻信息服务管理规定》五项。《互联网信息服务管理办法》是核心，其余四项都是在具体领域和问题上的细化。

3. 传播权利的保护

信息数字化使作品复制更容易，但同样存在侵犯版权等著作权的隐患。为了保护著作权人的合法权益，我国制定了《互联网著作权行政保护办法》《信息网络传播权保护条例》。这两部法规是已有法规在网络环境下的具体延伸，实现了虚拟世界的社会关系仍然要受限于现实世界现行法律的规范和调整。

4. 不良信息的整治

世界各国把互联网不良信息一般分为两类：一是非法内容，即违反法律法规必须由警察和法律授权机构来处理的信息内容。二是有害信息。包括两种：一种是那些尽管法律不禁止但应该限制在一定范围内传播的内容；另一种是从言论自由的角度可以公开传播的内容，但可能对社会秩序和其他人群构成危害和不良影响的信息。我国对不良信息多采取专项行动的方式来集中整治，其中把个人信息权利保护纳入法制化轨道，在今后还需要建立和形成网络不良信息综合整治的长效机制。

二、网络新媒体管理的主要问题

网络多媒体传播环境下，政府难以通过行政命令管控信息，传统媒体的管理方式已不适合网络媒体管理。目前，世界各国的网络治理普遍采用政策法规、经济手段、行政监督、技术控制和行业自律等手段多管齐下，进行间接规制。我国网络管理存在许多矛盾和问题，诸如凸显的网络媒体特性与媒体管理和内容管理手段缺乏的矛盾；媒体管理与产业管理的统筹之间的矛盾；网络基础管理与网络行为主体信息衔接的问题；电信企业的社会责任与经济利益之间的矛盾；法律法规不健全、不具体以及落实难等。其概括起来主要有以下几个方面。

（一）政府互联网理念、手段、方式要适时调整

1. 管理理念由管理向治理转变

重管理控制、轻引导放权是目前我国政府管理网络内容的理念。但是管控过严已经和日趋多元和开放的网民需求形成矛盾，致使成为影响互联网发展的绊脚石。因此，在制度上国家应简政放权，变管理为治理，减轻政府负担的同时也能让企业平台和用户主体提高自我管理意识，提升社会活力。

2. 管理手段由行政命令向法治化转变

目前，我国互联网内容管理的其中一个阻碍就是具有强制性的、专门性的成文法的缺失，应尽快制定一部全国性统一的《互联网文化内容管理法》，以此作为上位法依据，则分别制定了有关单行法，形成上位、下位逻辑结构合理、系统全面的网络文化内容法律体系。在强化监管的同时，也要促进网络文化内容产业发展，统筹有序管理和发展产业的矛盾，不能重管理轻产业。

3. 管理方式由单一向多元转变

当下我国对互联网内容的管理仍然是单一的行政命令式的管理，也是尚未完善的统一的具有法律强制性的内容审查标准，因此造成一些企业平

台进行内容审批时的战战兢兢，不仅降低了企业的信心，也引起了一些追求自由的网络用户的逆反心理。所以，为更好地促进“互联网＋文创”产业的发展，在管理方式上急需向柔性的、引导的方式转变。

（二）网络管理政策制定和实施滞后

网络新媒体管理中普遍存在政策措施明显滞后、过时现象。一方面网络领域新媒体层出不穷，出现了许多新问题，但对症的政策规定尚未出台，管理跟不上网络技术应用发展的步伐。另一方面，原有部分政策规定已不适应发展变化了的新情况。如面对崛起的各种新媒体、风行的“人肉搜索”、新兴的微博客与微视频等，管理部门无法及时提供系统而权威的政策法规依据，现有的只是一些不完善的部门规章和不具备强制执行性质的规范性文件。此外，因缺乏鼓励性、支持性、保护性的制度（特别是较为系统全面的知识产权保护制度），致使网络盗版、网络侵权等各种侵犯知识产权的问题不断发生。因而，亟须建立一种全媒体传播环境下的知识产权保护机制和规范数字化生存方式的网络文化产业制度。

（三）重内容规范管理，轻产业发展推进

目前，网络管理多侧重从信息服务和内容管理的视角制定政策，没有站在整个产业发展的高度去规划网络行业的发展。网络是一种媒体形态，但网络又不是单纯的媒体，而是一个应用广阔的平台。在这个平台上，可以整合媒介实现融合，可以推行电子政务、电子商务，还可以成为网民的生活空间。因此，应本着大平台的观念建设好、用好网络，用产业的视角规划网络，才能真正把网络新产业做大做强，真正推动我国传媒产业转型升级和产业振兴，提升我国传媒业竞争力，使网络成为国家软实力的象征和载体。

（四）侧重信息整治和安全，与网络整体价值不相称

互联网是一个崇尚个人自由的领域，更多体现的是一种积极的变革力量。网络治理不能单纯依靠政府的行政管制，治理比管制更适合政府管理的思路。而目前的管理更多注重网络安全维护和信息内容管理，对网络新

媒体行业缺乏战略引导和政策支持。政府有关部门应当着眼于网络新媒体积极的一面，引导网络新媒体行业领航传媒变革，开创新的产业业态和经济增长点。

三、网络新媒体管理机制探索

互联网已经是我国经济社会运行的重要基础设施，包含网络经济在内的信息产业已经占到国家GDP总量的10%以上，成为国家战略性支柱产业。2007年以来，互联网发展的一个重要特征就是互联网媒体性作用进一步增强。根据CNNIC最新调查数据显示，截至2016年12月，我国网络新闻的用户达到6.139亿人，使用率达到了84%，较2015年年底增长了8.8%。网络已经成长为影响巨大的新兴主流媒体，网络舆论的社会影响力越来越大。党的十八大指出，必须"加强和改进网络内容建设""推进网络依法规范有序运行"。针对网络新媒体存在的问题，管理中既要尊重网络发展规律，也要借鉴国外网络管理成功经验，积极探索适合我国国情的网络管理模式和机制。

（一）网络管理的基本思路与原则

1. 建立政府主导的网络治理格局

网络新媒体管理是整个互联网治理的重要内容，需要政府主导、企业自律和公民自觉参与，而网民则是整个互联网治理中的核心。治理和管制的最大区别就是治理更强调双方互动和协调配合，而管制只需要企业或者个人执行行政命令，是一种单向的管理。

2003年12月，联合国在日内瓦召开了世界信息社会峰会（WSIS）第一阶段会议，组建互联网治理工作组（WGIG）。WGIG认为，"互联网治理就是各国政府、企业界和民间团体从他们各自的角度出发，对于公认的那些塑造互联网的演变及应用的原则、规范、规则、决策方式和程序所做的发展和应用。"

习近平同志于2014年2月27日在中央网络安全和信息化领导小组第一次会议上指出，网络安全和信息化是一体之两翼、驱动之双轮，必须统一谋划、统一部署、统一推进、统一实施。做好网络安全和信息化工作，要处理好安全和发展的关系，做到协调一致、齐头并进，以安全促发展、以发展保安全，努力构建久安之势、成长治之业。做好网上舆论工作是一项长期任务，要创新改进网上宣传，运用网络传播规律，弘扬主旋律，激发正能量，大力培育和践行社会主义核心价值观，把握好网上舆论引导的时、度、效，使网络空间清朗起来。

2. 明确网络管理的基本原则

具体到我国国情，网络治理要坚持“积极利用、科学发展、依法管理、确保安全”的方针，坚持互联网发展与管理统一，行政手段与法律手段统一，产业发展与信息安全统一，参照国际惯例与适应中国国情统一，建立法律规范、行政监管、行业自律、技术保障、公众监督、社会教育相结合的互联网管理体系，从而形成我国互联网管理的体制机制。

（二）探索网络新媒体管理的制度建设

从国外的经验来看，网络治理需要统筹运用立法、行政、行业自律、网民道德自律等多种手段，努力形成统分结合、相对集中、职责明确、权责一致的管理体制，提高网络新媒体管理的成效。

1. 借鉴国外先进立法经验，完善网络管理的法律法规体系

网络发端于国外，国外在网络新媒体管理方面积累了很多宝贵的经验。发达国家政府通过立法奠定了互联网管理的基础，利用法律对互联网行为做出了明确的规范。有关部门对世界 42 个国家的相关调查表明，大约 33％的国家正在制定有关互联网的法规，而 70％的国家正在修改原有的法规以适应互联网的发展。如英国非常强调依靠现有的法律，如刑法、猥亵物出版法及公共秩序法等来延伸到互联网世界中。德国联邦议会在 1997 年颁布综合性的法案《信息与通信服务法》（《多媒体法》）和《电信服务数据保护法》，是用来解决经由互联网传输的违法内容，包括猥亵、色情、恶意言论、谣言、反犹太人等宣扬种族主义的言论；根据发展信息和通信服务的需要，对《刑法》法典、《传播危害青少年文字法》《著作权法》和《报价法》做了修改和补充。这些立法经验和相关法律条文，对我

国全面进行网络立法工作，也是一个很好的借鉴。

我国围绕网络管理出台了一系列法律法规和规章，但相对于互联网产业的飞速发展，法律法规建设仍然滞后。要加快建立健全相关法律法规体系，为网络信息安全提供良好的法制环境。

2. 增加政府投入，加强技术研发和新技术手段建设

行政手段是各国管理互联网的重要手段，常见的包括信息过滤与封堵、内容分级制、内容审查制、网站注册制、税收优惠制等。应通过技术手段实现对危害青少年的不良信息、危害国家安全的反动言论、电脑犯罪行为等进行有效的防护，特别是要探索建立覆盖手机等新兴媒体和论坛、博客、视频等互联网信息内容监测指挥系统，与其他相关部门资源共享、平台对接，以便更加有效地全面监测与管理。

3. 切实保护知识产权，为行业发展提供动力

网络新媒体行业以技术为主导，文化创意在技术支持下才能生成各种具体的产品形态。因此，应加大科技投入，增强科技创新能力。同时，要增强对知识产权的保护，严厉打击各种网络盗版等侵权行为，为网络新媒体行业的发展提供良好环境。同时，应通过组建跨媒体、跨行业、跨地域的传媒集团，最大限度地提高文化资源的利用率，走一条适合中国国情的网络新媒体发展之路。

4. 调动网络行业从业者积极性，促进行业自律；倡导网民自律，文明上网，从源头上保证网络良性发展

行业自律和网民道德自律，是国际上互联网治理普遍采用的一种手段。以申请和投诉的方式，提倡社会监督和举报，从而净化网络环境。行业自律包括两个方面：一是本行业对国家法律法规政策的遵守与贯彻；二是行业内的行规，自我约束，自我规范。在网络新媒体领域，行业自律已经开展起来，如文化部出台了《中国互联网行业自律公约》；中国互联网协会公布了《互联网站禁止传播淫秽、色情等不良信息自律规范》。今后，随着网络新媒体行业的发展，这方面的促进工作还应进一步加强。

（三）强化 CP、ICP、SP 和 ISP 的不同责任，实施内容过滤

网络信息服务内容在虚拟空间的传播，除了那些没有严格程序和难以

找到出处的流言性、自发性的传播内容外，更多的是依托不同渠道和载体而传播的内容。这就要明确不同阶段信息内容的生产、发布、传播和运营的主体，明确 CP（内容提供商）、ICP（互联网内容提供商）、SP（服务运营商）和 ISP（电信运营商）的不同法律责任，在不同环节保障信息内容的安全传播。尤其是电信网、互联网和有线电视网“三网融合”已进入实施阶段，传统的文化业态将发生深刻转变，报纸、广播、电视、杂志、音像、电影、出版、网络、电信、卫星通信等媒介形式逐步实现深度融合。在这个背景下，急需打破传统的内容监管和传播载体管理的旧模式，创新文化内容和传播平台分离的监管模式，以便有效地实施文化信息内容管理。

总之，杜绝互联网不良信息、净化网络环境、加强互联网信息内容安全管理，实施有效的新媒体管理，是一个长期而艰巨的任务。要充分吸收国际成功经验，逐步建立适合我国国情的法律体系和监管体制，在技术上立足于自主创新，为互联网信息内容安全的管理提供有力的保障，从而有效管理新媒体。

思考题

1. 简述媒体管理改革和发展趋势。
2. 如何加强传统媒体管理？
3. 新媒体管理存在的问题有哪些？如何创新管理？

参考书目

1. 黄河，等．新媒体管理［M］．北京：中国传媒大学出版社，2015.

2. 冷述美．媒体管理案例研究［M］．北京：中国传媒大学出版社，2006.

3. 史安斌．全媒体时代的新闻发布和媒体关系管理［M］．北京：五洲传播出版社，2014.

第六章 文化遗产管理

文化遗产是人类智慧的凝结，是自然和历史的深深印记，是人类文明和社会进步的见证，是国家民族精神的支柱，是保证国家独立自主和可持续发展的文化基础。保护好文化遗产就是保护好历史，开发利用好文化遗产有利于传承人类文明、凝聚民族精神、铸造新时代的国家文明，也有利于在激烈的国际竞争中始终高扬中国人的精神旗帜，展示我国自强不息的精神风貌，激发我们的民族自豪感和自信心。因此，文化遗产管理是政府文化管理的重要内容。

第一节 物质文化遗产管理

我国五千多年的文明史，形成和积累了丰富的物质文化遗产，这些宝贵的遗产能够传承文明，凝聚共识，延续中华文化根脉，需要对之进行科学有效的保护、开发和利用。

一、物质文化遗产内涵

物质文化遗产又称“有形文化遗产”，即传统意义上的“文化遗产”。《保护世界文化和自然遗产公约》（以下简称《世界遗产公约》）认为，物质文化遗产包括历史文物、历史建筑、人类文化遗址。在我国，物质文化遗产是指具有历史、艺术和科学价值的文物，包括古遗址、古墓葬、古建筑、石窟寺、石刻、壁画、近代现代重要史迹及代表性建筑等不可移动文物；历史上各时代的重要实物、艺术品、文献、手稿、图书资料等可移动文物；以及在建筑式样、分布均匀或与环境景色结合方面具有突出普遍价值的历史文化名城（街区、村镇）。《国务院关于加强文物保护的通知》（国发〔2005〕42号）具体说来，有以下几种。

（一）文物

目前，文物在国际上尚无一个被各国普遍接受的统一的定义。但各国普遍认为文物是指具体的物质遗存，应具备两个具体特征：其一，必须是由人类创造的或者是与人类活动相关的；其二，必须是已经成为历史并且不可能被重新创造的。[①] 我们认为，文物是指从历史、艺术或科学角度看，具有突出、普遍价值的建筑物、雕刻和绘画，具有考古意义的成分或结构，铭文、洞穴、住区等各类综合体。文物分为可移动文物和不可移动文物。

（二）建筑群

建筑群是指从历史、艺术或科学角度看，因其建筑的形式、同一性及其在景观中的地位，具有突出、普遍价值的单独或相互联系的建筑群。[②] 它们具有很高的建筑艺术价值和文化艺术价值，比如，故宫、武当山古建筑群等。随着我国物质文化遗产的研究和发展，该部分内容涵盖了历史文化名城、历史文化名镇（村）、古村落、古街道和部分工业文化建筑等。

（三）遗址

遗址是指从历史、美学、人种学或人类学角度看，具有突出、普遍价值的人造工程或人与自然的共同杰作以及考古地址等地方。[③] 在我国历史文化学界，遗址有广义和狭义之分，广义的遗址是指人类活动的遗迹；狭义的遗址是指埋入地下（或水中），古代人们进行生产和生活中形成的各种遗留（存）的总称。[④] 遗址大致分为生产遗址、生活遗址、军事遗址等。我国物质文化遗产分类情况如图 6－1 所示。

二、我国物质文化遗产保护利用的成绩和问题

新中国成立前夕，著名建筑学家梁思成编写了《全国重要建筑文物简目》共 450 条，并附“古建筑保护须知”，为当年的解放战争提供了文物保护的依据。[⑤] 1961 年，国务院颁布了《文物保护管理暂行条例》。1982 年，全国人大常委会颁布实施了《文物保护法》，国务院相关职能部门制定了一系列法律法规，使我国文物保护工作逐渐走上了法制化轨道。1985 年 11 月，我国签署了《保护世界文化和自然遗产公约》。此后，《国务院关于加强

---

① 于海广，王巨山．中国文化遗产保护概论［M］．济南：山东大学出版社，2008.

②③ 联合国教科文组织．保护世界文化和自然遗产公约，1972.

④ 高永贵．文化管理学［M］．北京：北京大学出版社，2012：286.

⑤ 朱兵．我国文化遗产保护法律体系的建构［J］．中国人民大学学报，2011（2）.

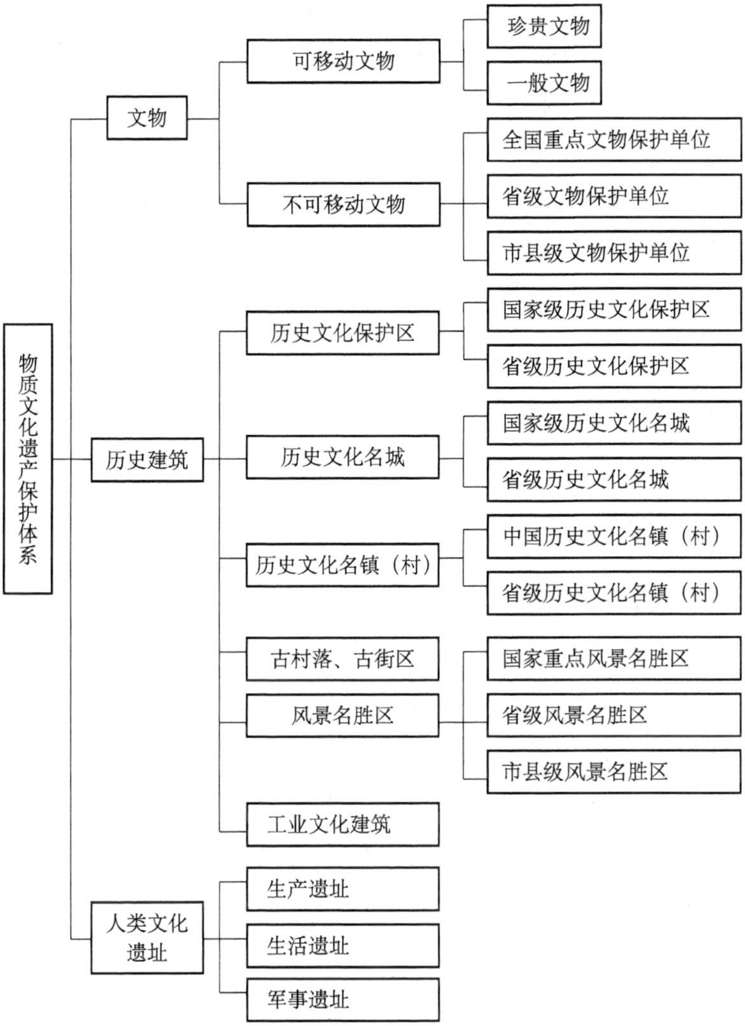

图 6－1 我国物质文化遗产分类

和改善世界遗产保护管理工作的意见》（2002 年）、《国务院关于加强文化遗产保护的通知》（2005 年）、《世界文化遗产保护管理办法》（2006 年）等重要的规范性文件相继出台。在历史文化名城（名镇名村）保护方面，新修订的《中华人民共和国文物保护法》对“历史文化名城”“历史文化名镇”进行了界定。2003 年，“中国历史文化名镇”和“中国历史文化名村”制度设立，并制定了《中国历史文化名镇（村）评选办法》。[①] 2012 年 11 月 18 日，

① 祁述裕，王列生，傅才武．中国文化政策研究报告［M］．北京：社会科学文献出版社，2010：205.

中国世界文化遗产监测中心成立。在重点文物保护单位方面，国家也制定了科学的评审和登记名录制度。我国物质文化遗产保护与开发利用的对象主要包括全国重点文物保护单位2 351处、世界遗产33处、博物馆1 893个、文物商店84个，以及国家级、省级、市（地）级和县级文化遗产项目。[①] 2016年，《中华人民共和国文物保护法》进行修订，2017年2月《国家文物事业“十三五”发展规划》出台，对文物事业发展提出了新要求和新任务。物质文化遗产保护与利用虽然取得了很多成绩，但仍存在着不容忽视的问题，并应采取积极措施加强物质文化遗产的保护和利用。

对于物质文化遗产的保护与开发利用过程中出现的问题，其主要表现在以下几个方面。

（一）物质文化遗产损毁破坏严重

物质文化遗产的损毁破坏主要来自于两个方面：一是自然损坏。物质文化遗产大多年代久远，经过长时间的风吹日晒、地下埋存、自然灾害等造成遗产风化、斑化、霉变、破损等。例如，建于唐代开元初年的乐山大佛，为当代世界上最大的石刻弥勒佛坐像，距今已有1200多年历史。佛像由于长期受风吹日晒、酸雨等自然因素影响，佛体表面受损严重。二是人为破坏。长期对物质文化遗产的保护不周及人为的破坏，给文化遗产带来了巨大的损失。例如，山西晋城文物盗窃犯罪猖獗，警方在三个月内破案65起；盗掘古墓的案例频频发生，盗掘规模越来越大。文物走私也很严重，据大致统计，流失在海外的中国文物大约有1 000万件。另外，由于相关工作人员缺乏专业知识，也导致了文化遗产的损失。

（二）对物质文化遗产保护与开发利用认识不全面

对物质文化遗产保护与开展利用认识不全面主要来自两个方面：一方面是政府。主要表现在对物质文化遗产保护与开发利用重视不够。对于地方政府而言，物质文化遗产并不都能给地方财政带来直接的经济效益，因此，造成物质文化遗产保护被冷落的局面，也导致文化遗产的保护与开发

① 祁述裕．中国文化产业发展前沿［M］．北京：社会科学文献出版社，2011：185.

利用为城市建设让路、为经济建设铺路的现象。另一方面是大众。大众对文化遗产的认识不够，保护意识薄弱，主要表现在学校教育不够。国民教育的重要场所是学校，目前的学校教育无论在书本知识、课堂教育还是在社会实践上，均缺乏涉及物质文化遗产的教育。而在美国，几乎每所学校都开设“保护我们的历史”课程。社会宣传也不够，电视、广播、报纸等媒体均缺乏对物质文化遗产保护的报道，对于物质文化遗产的含义、文化内涵、保护的常识等缺乏应有的宣传教育。

与此同时，社会上对于物质文化遗产的保护与开发利用主要存在两个派别，保护派和开发利用派。保护派认为物质文化遗产应该很好地保护起来，任何开发和利用都会对遗产造成不同程度的损坏，都是追求经济利益的借口。开发利用派则认为物质文化遗产是历史的瑰宝，它应该得到充分的利用，才能更好地发挥其传承文明、展示文化的作用，通过合理利用和开发创造的经济收入，还可用于物质文化遗产保护的资金支持。两方各执一端，各说各有理，思想认识的不统一和一些认识误区，对开发和利用造成不利影响，表现出两种极端现象。第一，受保护派的思想影响，物质文化遗产封闭留存，关门珍藏，却造成文化无法传播、文明无法传承、历史无法展现。第二，受开发利用派的影响，开发利用不以保护为前提，出现了重开发、轻保护，重开发数量、轻开发质量，重经济效益、轻社会效益等现象。造成开发利用过度与开发利用不够并存。首先，文化旅游景区开发过度，而文化开发利用不足。随着文化旅游的兴旺，各地方政府十分重视物质文化遗产对经济的拉动作用，大量投入资金，目的是充分挖掘文化遗产的经济价值，却造成文化景区的过度商业化、游客量过载、无序开发。与此相反，对物质文化遗产所蕴含和体现的文化价值则开发利用不足，物质文化遗产的宣传功能、教育功能没有发挥，凝结的文化、蕴含的历史没有挖掘和展示。第三，旅游场所利用过度，而博物馆、纪念馆利用不足。旅游需求呈逐年上升趋势，旅游场所开发火热。相比之下，博物馆、纪念馆的价值未被充分认识、挖掘和利用。

（三）物质文化遗产保护与开发利用的体制机制不完善，管理制度不健全

物质文化遗产的保护与开发利用工作涉及财政、文化、建设、统计、

规划、人才等多个相关部门，需要从资金、技术、管理等多个方面统筹安排。目前，针对遗产保护与开发利用的各项保障制度尚未完善，工作机制不顺畅。一是从统计角度看，对物质文化遗产具体数量、类别、位置等仍是“家底不清，心中没数”。《国家文物事业发展“十三五”规划》中指出，到2020年，文物资源和保存状况将基本摸清。二是从政府管理角度看，物质文化遗产保护与开发利用工作由文化部门、建设部门等共同管理，受制约因素较多，尚未形成一个合理、顺畅的管理体制。三是从资金支持角度看，物质文化遗产保护与开发利用在统计登记、技术抢救、日常维护、科学管理、宣传教育上都需要大量资金支持，然而，这部分资金由谁出、怎么出，目前尚未明确，使遗产保护与开发利用受制于资金这个“瓶颈”。四是物质文化遗产保护与开发利用的法律仍不完备，也有滥造文化遗址等现象，未能依法规范管理。五是物质文化遗产保护的专业技术人员、开发利用的管理人员紧缺，待遇不高，致使影响了物质文化遗产的保护与开发利用的效率。

三、物质文化遗产保护与开发利用的措施

物质文化遗产保护与开发利用要贯彻“保护为主、抢救第一、合理利用、加强管理”的方针。坚持保护文化遗产的真实性和完整性，坚持依法和科学保护，正确处理经济社会发展与文化遗产保护、开发利用的关系，统筹规划、分类指导、突出重点、分步实施。实现由注重抢救性保护向抢救性与预防性保护并重转变，由注重文物本体保护向文物本体与周边环境、文化生态的整体保护转变，以确保文物安全。

（一）要正确处理保护与开发利用的关系

“保护论”和“开发利用论”都不是对待物质文化遗产的正确态度。应该在深度保护的前提下，进行合理利用和开发，达到保护与开发利用的良性循环，实现社会效益和经济效益的有机结合。实践证明，只要认识正确，方法得当，物质文化遗产的保护与开发利用就能相得益彰。保护最完美的一定是开发利用最好的，开发利用最高效的一定也是保护最好的。

（二）形成政府主导、社会参与的管理格局

政府在物质文化遗产保护与开发利用中应调动社会各方力量来参与，而不是由自己全部承担。政府作为主导，调动企业、社会团体、基金组织等非政府组织互相配合，形成合力来参与保护与开发利用。社会参与主要体现在以下几方面：一是组织社会力量配合专业人员共同开展物质文化遗产的调查统计。当地群众对物质文化遗产所在地比较熟悉，文化遗产的调查、统计离不开他们的支持。二是在资金来源上，要调动企业、社团、大众的积极性，发挥社会力量，从而形成以加大政府投入、鼓励民间资金参与的资金保障机制。可以借鉴英、意等国家通过发行彩票来筹集文化遗产保护资金的经验，并多方面筹措资金。三是在日常保护与开发利用上，要加大对文化遗产的价值意义、保护常识、社会责任的宣传和教育力度，并发动群众、建立志愿者团队参与到保护工作中。例如，广州市在 2011 年世界遗产日上做了题为“珍惜文化遗产，共筑幸福家园”的主题宣传活动，效果很好。

（三）完善体制机制，提高保护与开发利用效率

物质文化遗产的保护与开发利用涉及多个部门和领域，需要从多方面完善体制机制，提高工作效率。从管理的角度看，主要是理顺管理体制。物质文化遗产保护，受制于文化、建设、财政、旅游等多个部门，应加强各部门之间的沟通与合作，形成科学合理的管理体制。

从法律的角度看，主要从纵向和横向两个维度加强建设。我国关于文化遗产保护的法律主要包括两个方面，一是宪法和民族区域自治法所涉及的基本法律依据和准则。二是专门的文化遗产保护法。①

从纵向上看，首先，要从国家层面完善关于物质文化遗产保护与开发利用的法律；其次，要加强地方性法规的建设。例如，福建省人民政府出台了《福建省“福建土楼”文化遗产保护管理办法》，给予“福建土楼”保护以明确的法规依据（福建省人民政府令第 96 号：福建省“福建土楼”

---

① 朱兵．我国文化遗产保护法律体系的建构［J］．中国人民大学学报，2011（2）．

文化遗产保护管理办法，福建省文化厅网)。无锡市政府出台了《无锡市文化遗产保护条例》，加强了本地的遗产保护。

从横向上看，我国应建立历史建筑、文化遗址、历史街区、文化名城等全方位的、分门别类的物质文化遗产保护与开发利用法律体系。美国即针对文化资源管理形成了一套比较成熟和完善的法律体系，可提供我们借鉴。在物质文化遗产保护与开发利用中真正做到有法可依、执法必严、违法必究。

从人才的角度看，一是培养人才。在高等院校、职业技术学校中开设物质文化遗产相关专业和相关课程，传授知识，训练技能，培养具有考古、历史、文化、科技等多学科背景的综合人才，建立物质文化遗产从业资格考试制度。二是善待人才。对遗产保护与开发利用的相关人才提供良好的工作环境，提高工作待遇。

从服务的角度看，一要进一步加强文化旅游标识导向系统建设，加强专门的城市文化旅游地图开发，提高实物解说和人工解说的质量，改善相关基础设施建设和服务状况，加强遗产地治安管理等。二要与各种民俗表演、展示、传统技艺等非物质文化遗产以及相关节庆有机结合起来。

从宣传的角度看，一要加强遗产地宣传。我国的物质文化遗产的知名度、影响力不够强大，很多宝贵的遗产仍处于“养在深闺人未识”的状态，有的即使“千呼万唤始出来”，还是“犹抱琵琶半遮面”。要加强遗产地宣传，扩大在国内和国际的知名度、美誉度和影响力。二要加强大众宣传。通过宣传教育来提高大众对物质文化遗产的认识和保护意识，学会遵守规则、讲求秩序、保护环境、文明游览等。

(四) 加强博物馆文创产品开发力度

爱护文化遗产就是要在保护第一的前提下，进行合理的开发利用，使文化遗产的价值得以充分体现。习近平总书记在中央政治局集体学习中讲道：“要系统梳理传统文化资源，让收藏在禁宫里的文物、陈列在广阔大地上的遗产、书写在古籍里的文字都活起来。”2015 年 3 月，国家新颁布了《博物馆条例》，该条例鼓励博物馆发掘文化资源，开发文创产品："国家鼓励博物馆挖掘藏品内涵与文化创意、旅游等产业结合，开发旅游产品，通过合法经营收入巩固博物馆发展资金，增强博物馆发展能力。"加强博物馆文创产品开发成为物质文化遗产开发利用的重要内容。"让文物活起来"也成为文物保护利用的重要举措。文化创意产品包括有形的文化产品和无形的文化服务。据统计，目前全国文物单位，文创产品年销售额在500万元以上的有超过20家，开发产品种类超过100种以上的有30家。截至2015年年底，故宫文创产品达到8 700多种，营业额超过10亿元。各地方博物馆也根据地方资源开发出具有特色的文创产品。湖南博物馆以马王堆养生文化为核心，开发出了具有自主知识产权的马王堆养生枕系列产品。苏州博物馆开发的莲花尊饼干、河北博物院开发的小儿垂钓香盒等均取得了良好的社会效益和经济效益。在博物馆文创产品开发过程中应该注意如下三方面：一是借鉴发达国家和地区的经验。发达国家大约在100年之前就开始了博物馆文创产品的开发，产品种类丰富，文化价值和市场价值显著，收到良好的经济效益和社会效益，同时也减轻了政府的财政负担。二是建立政府主导、社会参与的运营机制。坚持政府主导，盘活社会资源，积极与社会力量相融合，相合作，最大限度地发挥市场的作用。可采取授权、无形资产入股、社会组织参与、市场化融资等措施形成政府主导、社会参与的运营机制。三是运用现代化经营手段。充分利用互联网、手机等新媒介，网上专营店、微信公众号等新形式进行文创产品的宣传、营销和服务。

第二节 非物质文化遗产管理

我国非物质文化遗产是中华各民族在长期生产生活中创造传承下来的文化形式，是维持文化多样性、实现可持续发展的宝贵资源。非物质文化遗产管理，就是各级政府依据国家相关的方针、政策、法律、法规，对属于文化遗产的非物质文化资源、项目、作品、活动以及文化空间等，实施保护与利用、传承与发展的管理工作。

一、非物质文化遗产的分类、特征、认定标准与价值

根据联合国《保护非物质文化遗产公约》的界定，所谓非物质文化遗产保护，是指确保非物质文化遗产生命力的各种措施，包括这种遗产各个方面的确认、立档、研究、保存、保护、宣传、弘扬、传承（特别是通过正规和非正规教育）和振兴。

我国是最早加入联合国《保护非物质文化遗产公约》（以下简称《公约》）的国家之一，是政府间非物质文化遗产保护委员会成员国。截至目前，我国是世界上拥有非物质文化遗产最多的国家，共拥有人类非物质文化遗产项目 39 项，中央人民政府也认定了四批国家级非物质文化遗产项目。保护好这些非物质文化遗产，既是我国政府应履行的国际义务，又是实施文化强国战略的迫切需要。

（一）非物质文化遗产的范围与分类

1. 非物质文化遗产的范围

非物质文化遗产，又称人类口头及非物质遗产，无形文化遗产。指的是各族人民世代相承的、与群众生活密切相关的各种传统文化表现形式（如民俗活动、表演艺术、传统知识和技能，以及与之相关的器具、实物、手工制品等）和文化空间。①

依据《公约》和《中华人民共和国非物质文化遗产法》，非物质文化遗产包括各社区、群体，有时是个人的各种社会实践、观念表述、表现形式、知识、技能以及相关的工具、实物、手工艺品和文化场所。②我国政府将其概括为如下范围：传统口头文学以及作为其载体的语言；传统美术、书法、音乐、舞蹈、戏剧、曲艺和杂技；传统技艺、医药和历法；传统礼仪、节庆等民俗；传统体育和游艺；其他非物质文化遗产。

---

① 参阅国家级非物质文化遗产代表作申报评定暂行办法.

② 参阅联合国教科文组织保护非物质文化遗产公约.

2. 非物质文化遗产的分类

根据2005年《国务院办公厅关于保护非物质文化遗产工作的意见》（以下简称《意见》）的附件《国家级非物质文化遗产项目申报暂行办法》（以下简称《暂行办法》）以及《中华人民共和国非物质文化遗产法》，我们可将上述六个方面的非物质文化遗产大致分为两大类：一类是传统的文化表现形式，如民俗活动、表演艺术、传统知识和技能等；另一类是文化空间，即定期举行传统文化活动或集中展现传统文化表现形式的场所。这两大类文化形式兼具空间性和时间性，从时空两维容纳了绝大多数非物质文化形式和品种（见表6-1）。

表6-1 非物质文化遗产分类代码表

序号	名 称	代码
（一）	民族语言	01
（二）	民间文学（口头文学）	02
	神话	021
	传说	022
	故事	023
	歌谣	024
	史诗	025
	长诗	026
	谚语	027
	谜语	028
	其他	029
（三）	民间美术	03
	绘画	031
	雕塑	032
	工艺	033
	建筑	034
	其他	039
（四）	民间音乐	04
	民歌	041
	器乐	042
	舞蹈音乐	043
	戏曲音乐	044
	曲艺音乐	045
	其他	049
（五）	民间舞蹈	05
	生活习俗舞蹈	051
	岁时节令习俗舞蹈	052
	人生礼仪舞蹈	053
	宗教信仰舞蹈	054
	生产习俗舞蹈	055
	其他	059
（六）	戏曲	06
	曲牌体制的戏曲剧种	061
	板腔体制的戏曲剧种	062
	曲牌板腔综合体制的戏曲剧种	063
	少数民族的戏曲剧种	064
	民间小戏剧种	065
	傩及祭祀仪式性的戏曲剧种	066
	傀儡戏曲剧种	067
	其他	069
（七）	曲艺	07
	说书	071
	唱曲	072
	谐谑	073
	其他	079

（续表）

序号	名　称	代码	序号	名　称	代码
（八）	民间杂技	08	（十二）	成年礼	125
	杂技	081		婚礼	126
	魔术	082		寿诞礼	127
	马戏	083		葬礼	128
	乔装戏	084		其他	129
	滑稽	085	（十三）	岁时节令	13
	其他	089		汉族节日	131
（九）	民间手工技艺	09		少数民族节日	132
	工具和机械制作	091		其他	139
	农畜产品加工	092	（十四）	民间信仰	14
	烧造	093		原始信仰	141
	织染缝纫	094		俗神信仰	142
	金属工艺	095		祖先信仰	143
	编织扎制	096		庙会	144
	髹漆	097		巫术与禁忌	145
	造纸、印刷和装帧	098		其他	149
	其他	099	（十五）	民间知识	15
（十）	生产商贸习俗	10		医药卫生	151
	农业	101		物候天象	152
	林业	102		灾害	153
	渔业	103		数理知识	154
	狩猎	104		测量	155
	饲养和牧畜业	105		纪事	156
	商贸	106		营造	157
	副业	107		其他	159
	其他	109	（十六）	游艺、传统体育与竞技	16
（十一）	消费习俗	11		室内游戏	161
	服饰	111		庭院游戏	162
	饮食	112		智能游戏	163
	居住	113		助兴游戏	164
	交通	114		博弈游戏	165
	其他	119		赛力竞技	166
（十二）	人生礼俗	12		技巧竞赛	167
	妊娠	121		杂耍（艺）竞技	168
	分娩	122		其他	169
	诞生、命名	123			
	满月、百日、周岁	124			

但时空分类不足以概括非物质文化遗产的不同性质。考虑到文化遗产研究、管理、申报的操作性，在第一次非物质文化遗产普查时，文化部将这两大类文化形式进一步细分为两个层级的类别，即分为 16 个一级类别和 109 个二级类别。每个一级类下属二级类中，设有一个“其他”收容类。[①] 这一分类方法是对不同性质遗产项目进行的唯一性标识的类型区分，更加有助于体现不同文化形式的差异，也更加便于管理与保护，是政府文化管理工作者和非物质文化遗产项目传承人与持有者应该掌握的基本知识。

（二）非物质文化遗产的特征、认定标准与价值

马克思指出，文化是人类一切生产方式和生活方式的总和。[②] 这深刻地揭示了文化的本质，也为我们理解非物质文化遗产的特征提供了思想方法。

1. 非物质文化遗产的特征

从形态、结构、功能看，非物质文化遗产具有如下特征。

（1）非物质性。物质文化遗产具有特定的物质形态或形状，而非物质文化遗产则一般都是无形的。如陈氏太极，一招一式，无形而有意，却不是由物质构造而成。

（2）活态性。非物质文化最大的特点是不能脱离民族特定的生产生活方式，是传承者活态传承的结果。各种非物质文化遗产形式，都有特殊的构成密码与要素，传承人是其载体，人在艺在、人亡艺绝是其共同命运。

（3）地域标识性。非物质文化是民族、社群在特定区域生产和生活实践中创造的，体现了地缘关系中族群与社区群体的思维、心理、情感、习俗，民族语言是其物质外壳[③]，具有明显的地域标识性。

上述特征表明非物质文化遗产具有脆弱性、濒危性、易流失，且传承难度大、传承要求高、传承人与传习环境不可分割等特点，是一种特殊的文化遗产形式，其具有独特的功能与价值。

---

① 参见非物质文化遗产分类代码表。

② 马克思，恩格斯．马克思恩格斯选集：第 2 卷［M］．北京：人民出版社，1995.

③ 列宁．唯物主义和经验批判主义［M］．北京：人民出版社，1992：2.

2. 非物质文化遗产的认定标准

根据1997年“联合国教科文组织宣布人类口头及非物质遗产优秀作品”和《公约》要求，联合国对人类非物质文化遗产项目大致有两个主要评审标准：一是应该具备体现人类创造天才的优秀作品的特殊价值；二是具有需要保护的紧迫性，特别是因面临社会变革等因素缺乏保护而将消失的文化艺术形式。除此之外，还必须符合如下五项条件。

（1）能够表明其深深扎根于文化传统或有关社区文化历史之中。

（2）能够作为一种手段对民间的文化特性和有关的文化社区起肯定作用，在智力借鉴和交流方面有重要价值，并促使各民族和各社会集团更加接近，对有关的群体起到文化和社会的现实作用。

（3）能够很好开发技能，提高技术质量。

（4）对现代的传统具有唯一见证的价值。

（5）由于缺乏抢救和保护手段，或加速的演变过程，或城市化趋势，或适应新环境文化的影响而面临消失的危险。

2005年，我国政府根据联合国标准，结合中国国情、工作任务和目标，对国家级非物质文化遗产项目提出六项认定标准：

（1）具有展现中华民族文化创造力的杰出价值。

（2）扎根于相关社区的文化传统，世代相传，其具有鲜明地方特色。

（3）具有促进中华民族文化认同、增强社会凝聚力、增进民族团结和社会稳定的作用，是文化交流的重要纽带。

（4）出色地运用传统工艺和技能，体现出高超的水平。

（5）具有见证中华民族活的文化传统的独特价值。

（6）对维系中华民族的文化传承具有重要意义，同时因社会变革或缺乏保护措施而面临消失的危险。①

这六项标准涵盖了优秀非物质文化遗产的共性与特质，是《公约》精神与中国实际相结合的产物，其具有较好的可操作性。

3. 非物质文化遗产的价值

从功能作用看，非物质文化遗产具有其他文化形式所不具有的独特

---

① 参阅国家级非物质文化遗产代表作申报评定暂行办法.

价值。

（1）历史文化价值。非物质文化遗产蕴藏了所属民族的文化基因，一般以民间、口传、野史的方式活态地得以传承，这能够弥补正史的缺漏，有助于我们认识把握民族历史文化真谛。

（2）科学认识价值。非物质文化遗产是对不同时代生产力、科学技术水平的反映。比如，中国农历、二十四节气，反映了我们祖先在农耕文明时代对宇宙自然与农业生产生活之间关系的认识，至今仍然放射着科学的光辉。

（3）审美教育价值。许多非物质文化遗产表现为民间文化与艺术项目，在其传承人的活态演绎里结出光彩夺目的果实，给人以无与伦比的审美愉悦。如织绣技艺、民族艺术等，给人带来审美享受。

（4）社会整合价值。人的社会化过程是个体学习族群和社区独特文化、内化为价值观和人生观的过程。因此，作为活态的文化形式，非物质文化在其特定地域具有重要的社会认同、社会整合的价值和作用。

（5）经济开发价值。非物质文化遗产在市场经济和消费社会条件下，具有经济开发、生产性保护、产业化管理的使用价值，是旅游发展、展览经济、影视艺术、传媒产业、工艺美术等产业开发的热门。

任何非物质文化遗产项目的价值内涵，都不是单一出现的，而是复合存在的，是多重价值的凝结。比如，杨柳青年画、唐卡艺术、徽州文化、中医等，都具有历史、审美、社会、经济等多种价值。

二、我国非物质文化遗产管理的成绩和问题

从世界看，人类非物质文化遗产保护经历了从无序到有序、从国别自主到全球共同治理的转变。在这一人类文化发展的进程中，我国为此积极探索，做出了巨大努力与贡献。

（一）我国非物质文化遗产管理的成绩

改革开放以来，以文化部、国家民委、中国文联共同发起的“十部中国民族民间文艺集成志书”编纂工作为代表，我国政府抢救、发掘、整

理、保存了大量珍贵的非物质文化资源。1997 年，国务院颁布了《传统工艺美术保护条例》，非物质文化遗产保护迈出了坚实步伐。特别是 2004 年加入《公约》以来，我国政府更是以遵守多边条款为己任，承担了文化大国责任，按照《公约》要求，在科学保护与合理利用方面取得了显著的成就。

1. 政策法规体系日益完备

为履行《公约》义务，2005 年，国务院办公厅分别下发了《国务院办公厅关于加强我国非物质文化遗产保护工作的意见》（以下简称《意见》）及其附件《暂行办法》，指出非物质文化管理的重点是保护与传承，明确了保护工作的目标、方针、原则、要求以及工作机制与措施，为推动这方面的工作提供了政策依据和指导。从 2005 年《意见》及其附件的出台，至 2011 年《中华人民共和国非物质文化遗产法》正式颁布实施，我国非物质文化遗产管理工作的政策、法规体系已经趋于完备，各省也纷纷出台了《非物质文化遗产条例》，非物质文化遗产管理工作的目标、方针、原则、要求已经明确，政策与法律依据已清晰，这为推动非物质文化遗产保管理工作提供了条件。

2. 保护管理制度不断完善

目前，政府非物质文化遗产保护管理的机构设置和社会参与机制已经较为健全，我国特色的四级名录保护和传承人认定保护等制度也已经日益完善；国家、省两级生产性保护与传习基地制度也日增更加健全；文化生态保护区建设机制也运转有效，总体来看，我国非物质文化遗产管理工作正按照国务院确立的方针和要求稳步开展，基本实现了加入《公约》时确定的目标，政府主导、社会参与的非物质文化遗产管理的制度环境已经基本成熟。

截至目前，我国已认定和保护了四批国家级非物质文化遗产项目计 1 525项（含扩展名录）；建立了闽南、羌族、客家（梅州）、晋中、大理、陕北、徽州等文化生态保护示范区和一批传习场所；非物质文化遗产项目发掘、保护、传承、管理队伍也初具体系；群众性的文化遗产节庆、非物质文化遗产传承人大赛和城乡社区非遗展示活动蓬勃开展；非物质文化遗产的教学、学术研究也逐渐成为热点和焦点；文化遗产整体、生态保护工作取得了较好进展。昆曲、古琴、新疆维吾尔木卡姆艺术、蒙古族长调民歌、宣纸、珠算等39项人类非物质文化遗产的保护管理工作更加精准，这些为人类非物质文化遗产保护事业做出了积极贡献。

（二）我国非物质文化遗产管理的问题

党的十八大后，特别是十八届五中全会后，新发展理念已经深入人心，为实现党所确立的两个百年奋斗目标，我国统筹推进“五位一体”总体布局，协调推进“四个全面”战略布局正一步步走向深入，这也对政府非物质文化遗产管理工作提出了新要求。新的时代背景下，我国非物质文化遗产管理工作仍面临着一些新问题。

1. 管理挑战更多，传承责任更大

统筹国际国内两个发展大局，必须看到，随着我国国力的持续增强，世界地缘政治格局也在加速调整，中国国内发展面临的资源约束趋紧、环境污染严重、生态系统恶化的严峻形势尚未得到根本改变。一方面，在国际政治博弈中，民族国家维护文化主权、文化安全的斗争日趋尖锐，国家之间文化软实力的竞争更加激烈；另一方面，国内经济社会转型和五大发展的内生需求也更加旺盛，以供给侧结构性改革为重点，以生态文明建设为重要内容和目标的可持续发展动能正在积聚，文化建设的任务十分艰巨。如何在日益激烈的世界地缘政治博弈中，发挥我国丰富的非物质文化遗产战略资源的价值，守护和传承好中华各民族的精神血脉，挑战更多，责任更大，这是对政府管理工作的考验。

2. 农耕文明渐远，活态保护更难

随着中国大规模的城市化转型，农耕文明和乡村社区也在经历着深刻的变迁，农业工业化、乡村空心化、人口老龄化、生活方式现代化，在急速地改变着非遗项目传承的社会基础和生态环境。许多农民在代际传递中向城市集聚，一些珍贵的非遗项目、独门绝技，随着老一代传承人的老去、离逝而濒危甚至失传、灭绝。以安徽为例，该省国家认定的77个非遗传承人，大多数70多岁，最大的年龄90多岁，而火老虎、皖南皮影戏等传承项目缺乏传承人。随着现代科学技术的不断创新发展，传统技艺正经受生产与市场的多重冲击，工业化、信息化的深入发展，一方面带来了非物质文化遗产保护与传承的新技术，另一方面也在销蚀着非遗项目的活态传承土壤，非物质文化遗产整体、活态、原真保护与传承面临压力。

3. 体制创新滞后，管理资源不足

我国非物质文化遗产管理工作取得了大量成绩，政府建立起了有效的行政管理机构，国务院也建立了以文化部牵头、多部委参与的部际会议工作机制，但也必须看到，面对大量非物质文化遗产管理的新形势和新任务，管理的体制创新滞后，管理资源不足现象仍较为突出。目前，省级政府职能部门非遗管理机构健全，但市县级的机构设置仍然有不到位的地方，文化遗产管理也存在机构重叠、职能分散的缺陷；专业人才严重缺乏，难以胜任繁重的保护工作需要；以政府财政为主渠道的投入机制虽然基本到位，但投入的量仍然有限。非物质文化遗产项目形式多样，散落在广袤的城乡，传承方式独特，亟须体制创新以凝聚资源，以待精准发力。

4. 执法手段有限，依法管理路远

随着《中华人民共和国非物质文化遗产法》的颁布实施和各地《非物质文化遗产保护条例》的纷纷出台，我国非物质文化遗产保护的法规体系已经基本完备，制度规范更加完善，这为文化治理的法治化和推进非物质文化遗产依法管理奠定了基础。但由于各种原因，政府在非物质文化遗产管理中的执法手段仍受资源条件、执法环境等的约束，地方对非物质文化遗产开发利用监管不力的现象仍存在。目前，文化行政机关部虽然设有文化市场监管局，但与非物质文化遗产管理的职能机构仍存在协调不足的缺陷。与此同时，在非遗项目开发利用中也还存政府、个人、社会、企业不同权属和利益主体之间所有权、知识产权界定的困惑，这不同程度地影响了政府依法管理非物质文化遗产的效能，推进依法管理，依然任重道远。

三、加强非物质文化遗产管理的对策

新的历史时期，在“创新、协调、绿色、开放、共享”新理念指引下，我国文化建设的各项事业正在全面推进，加强和创新非物质文化遗产管理工作已成为摆在各级领导面前的重要任务。为此，各级政府应做好以下几个方面的工作。

（一）树立战略思维，坚定文化自信

随着中国参与全球事务能力的不断提升，构建国家文化软实力越来越具有迫切性。习近平总书记指出，构建文化软实力，要“制度为本，文化为根，价值为魂”，因此，“要本着对历史负责、对人民负责的精神，传承历史文脉”，像爱护自己的眼睛一样保护好文化遗产。非物质文化遗产蕴含着我们民族的基因密码，是珍稀的战略性资源。在当前世界地缘政治格局加速调整，维护民族国家文化主权、文化安全任务更加艰巨的情势下，各级领导尤其要树立战略思维，统筹国际国内，坚定文化自信，珍稀这些非物质文化遗产在民族审美和道义上的价值，自觉地强化非物质文化遗产保护与传承意识，守护好我们的精神家园。

（二）科学规划引领，统筹发展保护

习近平总书记指出，要“处理好城市改造开发和历史文化遗产保护利用的关系，切实做到在保护中发展、在发展中保护。”这为非物质文化遗产管理工作指明了方向。在我国快速城市化进程中，各级政府要以此为遵循，科学编制规划，统筹地方发展与文化遗产保护事业。首先，要正确处理遗产保护与开发利用的关系，严格按照国务院确立的方针要求，坚持走立足保护、合理开发的道路。保护始终是开发利用的基础，合理开发是实现保护传承的必要途径。其次，要处理好发展与保护的关系，统筹经济、文化、社会、生态建设。最后，要处理好政府主导和社会参与的关系，政府主导是实现文化管理的必然要求，而社会参与又是保护与利用的必然要求，只有发挥公民和社会力量的作用，开发利用才能置于社会监督的阳光之下，经受历史的检验，传承发展也才有根深叶茂的土壤。

（三）夯实管理基础，强化管理能力

随着城镇化转型的加快，农耕文明的日趋式微，非文化遗产资源抢救

保护的任务艰巨，必须健全机构设置，充实专业队伍，激发社会力量，夯实管理基础。各级政府应尽快完善管理机构设置，尤其要推进非物质文化遗产管理的基层队伍建设；文化行政机关要充分调动市场执法资源，充实文化遗产管理与执法力量；要加强非物质文化遗产保护与传承的教育，推进非物质文化遗产传承进课堂、进教材、进教室，加强高校、特别是高等职业教育非物质文化遗产专业建设，加快非遗管理专业人才培养；深化传习基地建设，拓展非物质文化遗产保护与传承投入的民间渠道；丰富群众性的非物质文化遗产传承活动，从而形成浓郁的保护氛围；加快非物质文化遗产管理的信息化建设；要在“统筹、精细、依法、科学、完善”十个字上着力，推进分类、分级、分项的精化保护，不断强化管理能力。

（四）转变利用方式，提高传承水平

非物质文化遗产的价值是多样动态的复合体，要准确把握非物质文化遗产的价值内涵，转变利用方式：一是要按照公益文化的要求，着力开发非遗项目的历史与科学价值；近几年各地政府投资兴建的许多公益性非物质文化遗产保护设施，如博物馆、展览、文化长廊、文化广场等，取得了良好的效果，需进一步发挥作用。二是按照提高民族文化自信的要求，着力开发其社会文化价值；要全面贯彻“双百”方针，挖掘、利用非遗资源，提高民族自信心和自豪感。三是要融合文化、生态，转变利用方式，充分发挥非物质文化遗产项目的生态、低碳特点，促进生产性保护与传承，进一步提高非遗项目的活态传承水平，让珍贵的非物质文化遗产活起来，传下去，以造福当代和子孙。

第三节　工业文化遗产管理

随着我国工业现代化和城市现代化进程的加快，对一些有价值的工业遗产，如何既保护和开发利用，又使之与城市发展相协调，这已成为政府工作既紧迫又不可回避的现实问题。

一、工业文化遗产的分类、评估标准和价值

工业遗产（Industrial Heritage），也称产业遗产，是科学技术发展水平的标志物，是科学技术史研究的活化石，也是文化遗产的重要组成部分。因此，也被称为工业文化遗产。

对工业文化遗产的研究，被称为工业（产业）考古学（Industrial Archaeology）。这是关于工业文化遗产的调查、保存、使用、复原以及科学技术史研究与教育的一门学问，最早出现在1955年英国学者瑞克斯（Michael Rix）发表于《史学爱好者》杂志的一篇文章。

（一）工业文化遗产的分类

根据国际工业遗产保护委员会（TICCIH）大会2003年7月通过、并提交给国际古迹遗址理事会（ICOMOS）的《下塔吉尔宪章》，工业遗产的定义为：工业（文化）遗产由那些在历史、技术、社会、建筑或科学方面有价值的工业遗存组成，它们由建筑物、机械、车间、制造厂、工厂、矿场及相关的加工提炼所、仓库、店铺、能源生产和传输设施、交通设施所组成。那些与工业活动相关的社会活动场所，如住宅、宗教礼拜地和教育机构都包含在工业（文化）遗产范围之内。

从考古学角度，工业文化遗产分为遗迹、遗构、遗物。

遗迹是指人类产业活动的痕迹，以附着在土地上的形式留存的场所，如工厂、码头、铁路等；遗构是指留存在遗迹中的不动性生产活动痕迹，与特定的土地不可分离，如工厂中的某个车间或仓库，码头中的某个船坞，铁路沿线的某个车站、货场等；遗物是指作为生产活动的结果被留存下来的、动产性质的物质资料，如机器、设备、产品等。

从形态上，工业文化遗产分为“物质”和“非物质”两大类，其中物质遗产又分为“可移动”和“不可移动”两类。

机器、设备、工具、仪器与重要工业制品等属于可移动的工业文化遗产。不可移动的工业文化遗产包括工业建筑，如厂房、仓库、码头等；工业遗址群及所在地的整个景观，如工厂、矿山、铁路、运河等；非物质的

工业文化遗产是指记忆、口传、习惯和档案文献中留下的工艺、技术、设计方案、施工措施等。

工业文化遗产也可根据工业生产的行业划分类别，如按照钢铁、化工、煤炭、电力等行业进行划分；还可根据工业文化遗产建造的年代进行分类，如洋务运动时期的工业文化遗产、抗战时期的工业文化遗产等。

（二）工业文化遗产的评估标准

无论是国外还是国内，目前，还没有工业文化遗产的专项评估标准，对工业文化遗产的评估，其主要依据世界遗产中心公布的《世界遗产公约操作指南》中世界文化遗产的入选标准统一进行评估。共有六条标准。

（1）代表一项具有人类创造性天赋的杰作。

（2）展现了一段时期中或某一世界文化区域内，有关建筑或技术、纪念物艺术、城市规划或景观设计的人类价值的重要交替。

（3）为某一现存或业已消失的文化传统或某一文明提供一种独特的至少是典型的见证。

（4）作为说明人类历史进程中某一（些）意义重大阶段的某一类型的建筑物、建筑或技术整体，或景观风格的突出范例。

（5）作为代表某一（些）文化的传统人类聚落、土地利用或海洋利用，或人类与环境相互作用的突出范例。

（6）与具有突出普遍价值的事件或者与现有传统、思想、信仰、艺术和文学作品有着直接或实质联系。

（三）工业文化遗产的价值

工业文化遗产与其他人类文化遗产一样，具有巨大的价值，其主要表现在六个方面。

（1）历史价值。工业文化遗产对认识工业活动，或某种工业活动及其发展的历史过程，具有普遍的价值，已经成为人们把握近代历史、解释社会进化的重要证据和实物。

（2）科技价值。工业文化遗产中包含着大量的科技信息，在机械、工程、工艺、建筑、规划、产品等方面具有技术和科研价值，能够折射出当时的科技发展状况和水平。

(3) 文化价值。工业文化遗产不仅是工业文明或工业文化的重要载体，也是人类历史文化的重要组成部分，更是工业社会的历史文物，它本身就具有文物价值，在工厂（场）、建筑和构筑物的规划设计、工具和机器的设计和建造工艺方面也具有普遍的美学价值。

(4) 社会价值。工业文化遗产记载了普通大众特别是产业工人及其家属、后代的日常生活，与城市的产生和发展血脉相连，是社会认同感和归属感的基础之一。

(5) 独特性与稀缺性价值。工业文化遗产在选址、布局、机械及安装、工艺、城镇等工业景观方面，在档案及留给人们的记忆和习惯等非物质遗产方面，都具有内在的独特性。那些濒临消失的工业遗产，同时也具有稀缺性。

(6) 经济价值。由于工业文化遗产的独特性、稀缺性和突出的文化价值，使其具有了明显的经济功能和经济价值。

二、我国工业文化遗产保护的成绩和问题

(一) 我国工业文化遗产保护取得的成绩

我国近代早期工业有外资工业、民族工业和洋务工业等。新中国成立后，不少企业先后经历了私营、公私合营、国营、中外合资、股份有限公司等形式。工业遗产形式多样，历史文化内涵丰富，与各个城市的发展密切相关。

我国工业文化遗产保护利用是近年来引起关注的。2006 年 4 月 17 日，由中国古迹遗址保护协会、江苏省文物局和无锡市政府举办的“中国工业遗产保护论坛”在无锡开幕。在这次由官方主办的论坛上，工业遗产保护概念被明确提出。政府的介入，使我国工业文化遗产保护问题的研究与实践纳入科学、规范的轨道。

该论坛原则上通过了对我国工业遗产保护具有宪章作用的《无锡建议》认为，中国的工业遗产包括西方殖民工业、洋务派和民族资本企业，

以及20世纪50年代以来的社会主义工业等；提出了“尽快开展工业遗产的普查和评估工作，将重要的工业遗产及时公布为各级文物保护单位，或登记公布为不可移动文物；编制工业遗产保护专项规划，并纳入城市总体规划中；区别对待、合理利用工业废弃设施的历史价值”等具体措施。

2006年5月，国家文物局下发的《关于加强工业遗产保护的通知》中指出“工业遗产保护是我国文化遗产保护事业中具有重要性和紧迫性的新课题”，要求各级文物保护部门推动工业遗产保护工作。

2006年6月，第六批全国重点文物保护单位名单正式公布，钱塘江大桥、南通大生纱厂等9处近现代工业遗产榜上有名。加上2001年公布的第五批全国重点文物保护单位中的两处工业文化遗产——大庆第一口油井和中国第一个航天器研制基地，目前，我国共有国家级的工业文化遗产11处。

2007年，启动了第三次全国文物普查，国家文物局将工业建筑及附属物归为近现代重要史迹及代表性建筑的重要子类予以明确。

2013年，国务院公布了第七批1 943处全国重点文物保护单位，工业遗产总数达到329项。其中广义工业遗产245项，近现代狭义工业遗产84项。

2014年5月29日，中国文物学会工业遗产委员会在北京成立。

2016年11月，由中国文物学会工业遗产委员会主办的“中国第七届工业遗产学术研讨会”在上海召开。

（二）我国工业文化遗产保护和利用中的突出问题

由于我国工业时代开始较晚，对工业文化遗产的保护和研究只是近十年的事情，因此存在着诸多问题，可以从政府和文化遗产保护两个视角进行考察。

1. 从政府视角审视，是对决策和管理的新挑战

第一，观念问题。对工业文化遗产保护的投入没有即时效益，绕不开长远利益和眼前利益的博弈。第二，缺乏保护和开发利用资金，投入主体单一，渠道不畅，政府引导政策不到位，难以调动企业和社会参与保护和合理利用工业遗产的积极性。第三，城市土地资源紧缺，老城区寸土寸金，对工业文化遗产保留什么、怎样保留、怎样与城市发展规划和建设统

一起来，都是面临的现实问题。好的规划提出来不易，实现的困难也更大。第四，工业遗址及周边环境污染较严重，如何对工业遗址及周边环境（包括大气、河流、土壤等）进行恢复再造，是一个综合性问题，其难度较大。第五，改造后的博物馆、文化与休闲娱乐场所、服务设施等怎样有效利用，进行市场化运作，发挥应有的作用，都是值得深入探讨的问题。

2. 从文物保护视角审视，既有普遍性问题又有独特性问题

第一，相关研究与保护滞后。我国的工业遗产尚在“摸清家底”阶段，理论研究刚刚起步。第二，缺乏工业遗产专项保护的法律、法规、政策和宏观部署，缺乏整体保护规划和措施。第三，难以破除体制障碍。工业遗产分属不同行业和不同层次的部门管理，没有归入文化或文物部门统一管理，管理上各自为政，缺乏规范，保护标准各行其是。第四，缺乏统一的评估标准和专业的评估队伍，史学家缺席，导致一些工业遗产在复原、展示上不能正确反映历史风貌。第五，工业遗产合理利用视野不宽，开发创意不能很好地体现遗产本身的特性，有的遗产改造没有巧妙地与周围环境融合，甚至破坏了工业遗产的整体性和周围环境，“保护性破坏”问题较严重。第六，保护与利用本末倒置，盲目开发，过分追求经济效益，甚至对暂时无法确立利用方式、短期无法实现经济效益的重要遗产放弃保护。第七，舆论宣传不够，尚未形成工业文化遗产保护的社会氛围，大部分公众缺乏对工业遗产价值的认识，保护意识薄弱，相关社会组织缺乏，民间投资更少。

三、我国工业文化遗产保护利用的途径

借鉴发达国家经验，根据我国实际情况，加强我国工业文化遗产保护和利用应遵循如下原则和途径，以逐步形成对工业文化遗产的保护利用的机制、政策、评估、投入、管理体系。

应当遵循的基本原则：一是保护为主，利用是为了更好的保护。二是对工业遗产价值一时评价不清的、利用方式没有论证确定的、利用方案没有考虑成熟的，应以暂时不动、不毁为宜。三是列入城市改造（建设）总体规划，和环境恢复与再造统一规划。四是以地方政府为主导，制定相应政策扶持和给予一定比例的资金支持，以政府资金引导民间资金。应当采

取以下六方面的措施。

（一）分层次摸清家底，建立档案和数据库

列出一批在中国近现代各个时期有重要影响或具有代表性、典型性的工业遗产清单，搜集其重要历史信息（包括地址、性质、资产规模、主要设备、工艺和产品等）；开展重要、典型工业遗迹、遗构、遗物的调查，特别是对活态遗产案例的调研；确定各个历史时期工业遗产的具体名录，进行分级分类统计，建立档案和数据库，为评估、保护和合理开发利用提供依据。

（二）及时认定和公布工业文化遗产保护项目

在国家尚未出台相应法律法规的情况下，各地应根据本地实际，尽快制定相应的地方性政策法规，必要时采取有效措施限制对工业遗产的拆改毁，防止重要遗产在尚未认定前被拆迁或损毁。具有重要价值的工业遗产一经认定，应当及时公布为文物保护单位。对于暂时未列入文物保护单位的一般性工业遗产，在严格保护好外观及主要特征的前提下，审慎地对其用途进行适应性改变。对于具有较高历史文化科技价值、但商业开发利用价值比较低的工业文化遗产，应由政府给予保护资金补贴。

（三）与旧城改造和生态环境保护统一规划

在面临结构性改造的工业区，要充分考虑改造对工业遗产带来的潜在威胁，将保护与利用列入整体改造方案，统一规划，与区域改造、污染治理、生态和环境恢复再造有机结合起来。对于规模较小、无法再开发利用、必须拆除或搬迁的工业遗产，以建博物馆的形式，收集保留有关文物，集中保护并展出，以使社会公众了解我国工业发展的历史。

要与生态和环境保护统一规划，重视工业遗址区的生态和环境恢复再造，大量种植树木和各种植物，使自然环境与工业遗产保护利用有机结合。对于大型和特大型工业遗产的保护，可设立工业遗址公园，将旧的工业建筑群保存于新的环境之中，从而达到整体保护的目的。要对工业遗址公园及其环境进行统一设计，努力创造和设计出既记录和体现过去工业成就，也反映现在和未来的空间形态，在传统中融入新的形式和功能，使工

业遗址公园充满浓厚的文化气息。

（四）尊重历史，突出特色，打造亮点

保护性再利用方案应对不同工业遗产地段和工业建筑设立明确的限制要求，新的用途必须尊重工业遗产的原有格局、结构和材料特色，充分利用遗产和原有环境特点，吸收当地最具特色的文化元素，进行创意设计，打造成为展示当地历史文化风貌的亮点，避免“千城一面”。

（五）尽快建立评估标准和相应制度

我国幅员辽阔，各地工业化过程各有特色，使工业遗产本身具有等级性和地区性。各地区应组织专家确定本地区工业遗产的保护原则、保护范围和评估标准，以反映本地区工业化过程和对全国总体工业化进程的贡献。必须尽快建立评估标准和制度，在此基础上，建立工业遗产分级管理制度，对不同等级的工业遗产区别对待，通过分级管理，优化资源配置，提高管理效率。

要像重视古代文化遗产那样重视近现代的工业文化遗产，深入开展对工业遗产的价值评估、保护措施、理论方法、利用手段等多方面研究，逐步形成具有一定水平的研究成果和比较完善的保护措施，建立科学、系统的界定确认机制和专家咨询体系，指导工业遗产保护与利用良性发展。

（六）以政府投入带动民间投入，建立多元投入机制

地方政府应投入资金用于工业文化遗产保护和开发利用；同时，建立多元化投入机制，引入多元化利益主体，公益性服务与市场化开发并举，发展民间保护组织和基金会，共同进行工业遗产保护和利用工作。

案例5

文创升级：故宫的华丽转身[①]

2017年2月12日，农历正月十六，紫禁城西北角的故宫报告厅内座

① 施迅．今日中国．http：//www.chinatoday.com.cn/chinese/culture/whey/201703/t20170330_800092420.html内容有删改。

无虚席。故宫博物院院长单霁翔的讲座《故宫的八种表情》，由于网上预约的350张票几分钟内就被一抢而光，主办方不得不临时又加了150张站票。

近年来，故宫博物院以全新的面貌进入大众视野。2016年，故宫参观人数创下1 600万人次的历史新高，文化创意产品的销售额高达10亿元，再加上纪录片《我在故宫修文物》的热播，可以说，故宫正在成为年轻人追捧的“网红”。

让故宫像个博物馆

故宫博物院收藏有超过180万件藏品，但以往留给参观者的印象却有些尴尬。

“你说你有宏伟的馆舍，但是大部分区域你都不开放；你有丰厚的文物藏品，但是绝大部分沉睡在库房里；你说你有世界上最大规模的观众，但是他们都是目不斜视地从前门走到后门，你就不是真正融入世界的博物馆。”故宫博物院院长单霁翔说。

单霁翔是故宫博物院的第六任院长。他不习惯被称为“故宫掌门人”，而喜欢说自己只是一个“看门人”。上任后单霁翔进行了一系列变革：从故宫整体保护修缮工程，到去年点亮紫禁城“前三殿、后三宫”；从推行实名制售票成功限流，到整治外部环境让观众有尊严地参观；从逐年不断扩大开放区域，到成立故宫文物医院让不少文物“起死回生”；从开发各种时尚有创意的文创产品，到启动极具文化氛围的观众服务中心……

其中，文化创意产品的缤纷面世最受大众瞩目。以假乱真的朝珠耳机、雍正钓鱼书签、“朕亦甚想你”“朕就是这样汉子”折扇、“奉旨旅行”行李牌等一系列文创产品推出，令许多人眼前一亮，并在年轻人中迅速圈粉。

“想让故宫的文物资源活起来，就得用百姓喜闻乐见的方式做展示，融入现代生活。文化创意产品重在‘创意’两个字，如何能做到创意呢？首先要研究人们的生活。人们在今天想要获得什么样的信息，人们的生活需要什么样的内容，人们在用什么样的手段接收信息？只有一直跟踪人们的社会生活需求，才能做出让人们满意的文创产品。其次便是挖掘自己产品的内涵，只有把内涵充分挖掘出来，和当下的社会生活对接，才能够影响人们。当然，还要不断地追踪先进的科学技术。科学技术的发展永无止境，所以我们利用科学技术手段和使用科学技术进行传播的能力是无限大的。”单霁翔说。

为了适应当下的需要，故宫做了大量调查：了解和分析人们在日常生活中喜爱哪些文化元素、人们在以什么方式和手段接收文化信息、人们如何度过每日“碎片化”的时间、不同年龄段观众有什么样的差异化文化需求等。

“当今社会是一个高度信息化的社会，文化产品要取得社会效益与经济效益的双赢，不仅需要创意好、品质好，需要策划好、宣传好，还需要缩短传统文化与现代生活之间的距离。从说教式的灌输转变为感染式的对话，是故宫博物院迈向世界一流博物馆的应有转身。”单霁翔说。

2015 年 9 月 28 日，故宫博物院文化创意体验馆在位于御花园东北侧的东长房正式开幕，成为游客参观故宫博物院的“最后一个展厅”，集中展示和销售故宫博物院研发的各类文创产品。

文化创意体验馆分为丝绸馆、服饰馆、生活馆、影像馆、木艺馆、陶瓷馆、展示馆和紫禁书苑等 8 间各具特色的展厅。展销的文化创意产品互不相同，且能够满足不同观众的多种需求。

新媒体大显身手

3 月 8 日，打开“每日故宫”APP，伴随悠远的钟声，推送的是明代的《尤求红拂图轴》。有心者不难发现，这前后几天，推送的都是女性喜爱的故宫珍品：清代的珊瑚带珠翠寿字纹手串、珊瑚嵌珠镯、伽南香带珠饰翠佩……自上线以来，这款 APP 一直以制作精良，品味高雅而享有极好的口碑。每天推送一款故宫精品，并配有详细的文字介绍。许多人已经习惯在等车时、排队时、坐地铁时浏览。

2015 年，苹果公司在中国上万个免费 APP 里评选出 30 个精品，故宫占了 3 个。其中，《韩熙载夜宴图》APP 以“融汇学术、艺术、科技，贯通视觉、听觉、触觉，动态重现华美夜宴”获得 IPAD 类最佳。

《韩熙载夜宴图》APP，最大的亮点在于独创秉烛夜游的情境体验模式。当用户轻触屏幕，指尖所至之处，似有烛光追随，移动烛光，人物、用品的名称、典故一一呈现。人物随烛光“活”起来，乐伎轻扫琵琶、舞伎翩翩起舞，虚实指尖，让用户沉浸在画卷创造的艺术氛围当中。

这些精品的背后，是一支年轻、有活力、有想法、敢于探索的团队。在《韩熙载夜宴图》APP负责人李琼看来，交互媒介改变的只是观众了解历史的方式，而不是信息的浅尝辄止和支离破碎。“轻松”不代表肤浅，而是意味着更高的要求，更多地打磨细节、精雕内容。

文创收入用于教育

“我们是国家事业单位，收入是国家统一定的。加大文化创意产品，会改善我们的收入。这个钱对我们来说很有意义，大部分营销收入都投入了研究和教育中。”单霁翔说。

据介绍，去年故宫举办文化活动28 000场次，融入几十个学校、几十个社区。故宫知识讲堂总是爆满，孩子在这里面可以串朝珠、绘龙袍、画盘子、做皇帝皇后的新衣，完全免费。孩子们空手而来，带着作品满载而归。

“大量文创产品的收入全部投在孩子们的身上，这是一本万利的。这些孩子们的长大对于中华传统文化的传承，对他们自身的成长，都非常有利。”单霁翔说。

单霁翔表示，“过去我们介绍故宫时经常自豪地说一些数字，今天我们认识到，这些都不是最重要的，最重要的是要把这些文物资源融入人们的社会生活。让游览故宫的观众受到感染和教育，才是最有价值的。故宫应该成为走近人们社会生活的一所博物馆，这是一所博物馆应该有的担当和责任。”

“我们希望故宫600岁生日那天到来的时候，我们能把一个壮美的故宫完整地交给下一个600年。”单霁翔说。

思考题

1. 文化遗产管理主要包括哪几个方面？

2. 如何引导民间资金投入文化遗产保护和合理利用？

3. 工业文化遗产保护和合理利用如何与旧城改造、产业转型升级和环境修复等统一规划，协调并进？

参考书目

1. 国家文物局，等．国际文化遗产保护文件选编（1.2）（精）[M]．北京：文物出版社，2007.

2. 王文章．非物质文化遗产概论[M]．北京：教育科学出版社，2013.

3. 骆高远．寻访我国国宝级工业文化遗产[M]．杭州：浙江工商大学出版社，2013.

第七章

文艺体育管理

文学艺术和体育属于人民群众日常精神文化生活最需要、最感兴趣的领域之一，也是地方政府需要加强建设与管理的领域。

第一节 文学艺术管理

文艺是时代前进的号角，最能代表一个时代的风貌，也最能引领一个时代的风气。“文变染乎世情，兴废系乎时序。”[①] 文学艺术工作是我国文化建设的重要组成部分，对丰富人民群众精神生活具有十分重要的作用。随着我国文学艺术事业的不断发展，如何正确处理促进繁荣与加强管理的关系，通过不断提高管理水平确保其健康有序发展，逐渐成为各级文化主管部门需要关注和研究的重要课题。

一、文学艺术管理体制

文学艺术管理是党和政府以及所属宣传、文化部门，依照各自的职能，根据文学艺术生产的特殊规律，以特定方式对其进行的一种方向性规划、调节、规范和引导。

中国的文艺管理体制，既区别于美国的“社会调节型”、法国的“多元交叉型”、瑞士等国家的“分权自治型”管理体系，也区别于苏联“中央集权型”的管理体系，是一种新型的“党、政、群三位一体”的管理模式，这种模式主要包括如下三个系统。

（一）党委系统

中国共产党的各级机关有着领导、组织和管理文学艺术事业的传统。有关这方面的重要方针、政策都由党中央和各级党的组织决定。1943 年，中共中央宣传部《关于执行党的文艺政策的决定》中首次使用“党的文艺政策”这一概念，从而确定党管文艺的地位。新中国成立之后，党进一步

① 习近平．在文艺工作座谈会上的讲话．新华网 2016-10-10.

加强了对文艺的领导。党内主管文化的最高领导机构是中共中央宣传部，地方各级党委设有相应机构；在政府系统的各级文化管理部门和一些大型文化团体中，均设有党组，如文化部党组、文联党组；文化团体、文化企业单位均设有党委、党总支或党支部等，从而形成党的多层次的领导体系。

党对文艺的领导是一种总体的、宏观的领导，即着眼于文艺与整个社会主义事业的关系，解决有关文艺发展的重大问题、战略问题，把握文艺发展的社会主义方向。

（二）政府行政系统

政府根据党的各项文艺主张，具体协调、解决文艺系统内部的各种关系和问题，保证文艺协调发展，推动文艺繁荣。我国政府对文学艺术的管理涉及多个职能部门，其主要包括中华人民共和国文化部、国家新闻出版广电总局、国家版权局以及由文化部管理的国家文物局等。文化部是中央政府主管文艺的最高机构，也是国务院的职能部门。国家新闻出版广电总局是根据第十二届全国人民代表大会第一次会议批准的《国务院机构改革和职能转变方案》和《国务院关于机构设置的通知》（国发〔2013〕14 号），将新闻出版总署、广电总局的职责整合，于 2013 年 3 月组建成立的新闻、出版、广播、电影和电视领域的国家管理部门，是国务院直属机构，加挂国家版权局牌子。国家新闻出版广电总局和国家版权局都涉及有关文学艺术管理的职责。三个部门职责和分工相对独立，且共同接受国务院的领导。

地方各级政府相应地设置文化主管机构，省、市、自治区设文化厅（局），地、市（自治州）设置文化局，县、区设置文化局，地方文化职能部门接受地方政府的领导，同时接受国家文化部的业务指导。

国家新闻出版广电总局在各省、市、自治区设立了地方管理局，负责管理本地区的新闻出版及广播影视事业。在著作权管理上，省（自治区、直辖市）、地和市（自治州）及部分县区设版权局，是政府直属机构，受当地政府和上一级版权局的双重领导。

（三）群众团体系统

我国群众文化组织主要由三大体系构成：第一类是由全国各级文联、

作家协会等人民团体组成的网络体系；第二类是基层文化馆、群众艺术馆、文化站、科技馆以及工人文化宫、俱乐部、青少年宫等，由政府、群众团体、各部门设立；第三类是村级组织或社区举办的文化组织，如村文化活动中心，以及群众自发组织的各类业余民间社团组织，如曲艺演出团队、书画社等。

中国文学艺术界联合会（以下简称中国文联），是由全国性文学艺术家协会，各省、自治区、直辖市文学艺术界联合会和全国性的产业文学艺术工作者联合会组成的人民团体。于 1949 年成立中华全国文学艺术界联合会，1953 年更名为中国文学艺术界联合会。中国文联实行团体会员制，现有团体会员 54 个，包括中国作家协会（行政独立单位）、中国戏剧家协会、中国电影家协会、中国音乐家协会、中国美术家协会等。中国文联对各团体会员的工作有联络、协调、服务的职责，并承办团体会员需要统筹安排的事宜。

中国作家协会（以下简称中国作协），是我党领导的、各民族作家自愿结合的专业性人民团体，是党和政府联系广大作家、文学工作者的桥梁和纽带，是繁荣文学事业、加强社会主义精神文明建设的重要社会力量。中国作家协会的主要任务是：组织作家学习党的方针政策；推动实施精品战略，推出精品力作；加强文学理论建设和文学评论工作；发现和培养文学创作、评论、编辑、翻译等新生力量，壮大社会主义文学队伍；大力培养少数民族作家，促进少数民族文学繁荣与发展；办好所属报纸、期刊、出版社和网站等文学传媒；增进同香港特别行政区、澳门特别行政区和台湾地区作家以及海外华文作家的联系、交流；推进中外文学交流，积极参加国际文学活动；加强协会管理，维护会员的合法权益；组织全国性文学评奖活动；积极帮助解决会员的生活、工作、学习等方面困难；做好所主管文学社团的业务指导和管理工作。①

“党、政、群三位一体”的文艺管理模式，鲜明地体现了中国特色的文学艺术管理特色。党、政、群各自定位不同，职能不同，领导管理方式不同，三者相辅相成，相互交融，形成有机一体的管理体系。在三者中，

① 中国作家协会章程．中国作家协会第九次全国代表大会部分修改，2016 年 12 月 2 日通过．http：//www.chinawriter.com.cn/n1/2016/1207/c403993-28930242.html.

党实行的是政治领导，着重于对文学艺术的宏观指导。政府主要是通过法律、行政、经济等多种方式，实施对文学艺术事业的指导、规划、协调、服务、监督和管理。群众团体的主要管理职能是负责对各团体会员联络、协调和服务。各个大的协会除了上述职能外，还负有搞好评论、办好刊物、保障会员正当权益的职责。文联和各门类艺术家协会等群众团体侧重于联系群众、改善机制，使其成为党、政府、社会各界同文艺界以及文艺家之间协商对话的渠道和桥梁。

二、文学艺术管理的内容

文学艺术管理是政府文化管理的重要内容。从管理层次上来说，分为宏观管理和微观管理。宏观管理主要包括理论指导、行政指令、市场调节等方面，微观管理主要指管理的具体工作。从政府管理职责的角度，将文学艺术管理的基本内容概括为以下六个方面。

（一）文学艺术创作行政管理

1. 制定方针政策

文艺的方针和政策关系到文艺发展的方向，具有全局性的意义。方针具有宏观性、指导性和长期性，政策则具有临时性、具体性、个别性。如我国 20 世纪 50 年代中期提出的“双百”方针（百花齐放、百家争鸣），80 年代提出的“二为”方向（为人民服务、为社会主义服务），至今仍然是指导文艺发展的根本方针。习近平总书记《在文艺座谈会上的讲话》指出：“要坚持百花齐放、百家争鸣的方针，发扬学术民主、艺术民主，营造积极健康、宽松和谐的氛围，提倡不同观点和学派充分讨论，提倡体裁、题材、形式、手段充分发展，推动观念、内容、风格、流派切磋互鉴。”另外，“推陈出新”“古为今用，洋为中用”“社会效益与经济效益相统一”“弘扬主旋律，提倡多样化”等也是指导文艺创作与发展的方针。

与这些方针相对应的有一系列政策措施，有的是综合性的，有的是专门性的，包括文艺创作，人才培养，文化产品经营，文化投资，著作权，文化产业，文化市场，对外文化交流，文物保护，新闻出版，戏剧、音乐、美术、电影、电视、广播等不同艺术门类的政策等。国家通过这些方针政策的制定与施行，实施对文学艺术的管理，以促进文学艺术的繁荣。

2. 制订发展规划

发展规划是文艺在一定时期内发展的具体目标和要求，是整个文化发展战略的一部分，包括文艺的基础建设、文艺人才培养、文艺发展方向等内容。我国颁布了《国家"十三五"时期文化改革发展规划纲要》，纲要明确了"十三五"时期文化改革发展的总体思路，提出了"十三五"时期文化改革发展的六项主要任务，并进一步明确了完成这些任务的具体要求。

3. 制定和颁布文艺法规条例

制定文艺法规，有助于文艺政策的稳定性，有助于国家文艺事业健康持续稳定发展。改革开放以来，我国的文化法制建设取得了较大进展，在文化立法方面，1982年颁布了《中华人民共和国文物保护法》，并分别于1991年、2007年、2013年、2015年进行了四次修订。1990年颁布了《中华人民共和国著作权法》，并分别于2001年、2010年进行了两次修订。同时，国务院颁布了一批这方面的行政法规，如《电影管理条例》《出版管理条例》《文化市场管理条例》《营业性演出管理条例》《娱乐场所保护条例》《音像制品管理条例》《文化市场综合行政执法管理办法》等；文化部、国家新闻出版广电总局等政府机构还颁发了大量的部门规章；各地出台了一些地方性法规，大体上形成了文学艺术管理的法规体系。

（二）文学艺术创作活动管理

1. 举办大型文艺活动

各地组织文学、戏剧、电影、电视、音乐、舞蹈、美术、摄影、书法、曲艺、杂技、民间文艺和群众文艺等多种门类的艺术活动，开展主题鲜明的文艺创作演出，围绕中心、服务大局，唱响时代主旋律，营造健康和谐的社会文化氛围，推动经济社会发展。

2. 开展文化惠民活动

组织知名艺术家和文艺工作者深入基层，服务群众，开展形式多样、内容丰富的文艺活动，丰富基层群众的精神文化生活，密切文艺工作者与人民群众的联系。

3. 组织开展文艺评论、评奖工作

引导广大文艺工作者坚持正确的创作导向，提升文艺作品的思想艺术质量。组织艺术家深入生活，获取创作灵感。开展各种文艺创作和学术研讨活动，关注文艺现状，开创文艺评论新风，努力引导文艺创作。开展全国性文艺评奖工作，催生精品力作。举办各类艺术节，对优秀作品予以展示、推介和宣传，激发文艺工作者的创作热情，推出优秀文艺人才。

4. 开展民间对外和对港澳台地区文化交流活动

配合党和国家外交大局，在不同国家和地区开展主题多样的文化艺术周、文化艺术大展等交流活动，展示中华文化的魅力和当代艺术的优秀成果。开展大规模、高层次的文化艺术交流展示活动，促进中外文化的合作和交流，增强中华文化的国际影响力。中国文联创办的海峡两岸暨港澳地区艺术论坛，以及形式多样的艺术展览及交流活动，增强了大陆与港澳台之间的文化沟通与联系。

（三）文学艺术市场管理

文学艺术市场管理遵循依法管理、市场配置、分类指导、政府投入、综合协调的原则，找准工作定位，履行工作职责。

1. 建立文化市场法规体系

文化部出台了《文化市场综合行政执法管理办法》，于 2012 年 2 月 1 日起正式实施。该办法规定了文化市场综合行政执法机构的职责和执法人员的条件、执法工作应遵守的程序、执法监督的内容和方式、应当追究责任的情形及责任追究形式等，为未来文化市场的综合执法奠定了法律基础。2015 年，文化部颁布了《艺术品经营管理办法》，以加强对艺术品经营活动的管理，规范经营行为，繁荣艺术品市场，保护创作者、经营者、消费者的合法权益。

2. 构建现代文化市场体系

培育和健全各类文化产品市场和要素市场，打破条块分割、地区封锁、城乡分离的市场格局，促进文化产品和生产要素的合理流动，推动城乡文化市场统筹发展，构建统一开放竞争有序的现代文化市场体系。壮大文化市场主体，推动文化市场规模化、连锁化、品牌化发展，完善现代流通体系，培育大众性文化消费市场和新兴文化业态，引导和促进文化消费，使其满足人民群众多样化、多层次、多方面的精神文化需求。

3. 完善文化市场准入、运行和退出制度

依法对文学艺术产品进行内容审查。推动建立科学合理的文化市场运行机制，加快文化市场诚信体系和标准体系建设，规范市场经营主体之间、经营者与消费者之间的关系，营造公平竞争的市场环境。通过政府指导、信息发布、表彰奖励、“黑名单”等制度，建立优秀市场经营主体以及文艺产品的扶持和奖励机制、不合格市场经营主体以及文化产品的自动退出和强制退出机制。

4. 建立健全完善文化市场综合执法体制

各级文化行政部门依照规定，统筹协调、监督指导文化市场综合执法工作，以保护知识产权、净化社会文化环境、维护消费者合法权益和国家文化安全为重点，全面履行文化市场监管职责，不断推进综合执法工作的法制化、科学化、规范化。

（四）艺术品市场管理

艺术品市场管理的重点在于规范市场秩序，保护知识产权和消费者权益。

1. 严格执行艺术品市场相关管理制度

按照文化部《艺术品经营管理办法》的要求，省、自治区、直辖市人民政府文化行政部门负责艺术品进出口经营活动审批，建立专家委员会，为文化行政部门开展的内容审查、市场监管相关工作提供专业意见。县级以上人民政府文化行政部门负责本行政区域内艺术品经营活动的日常监督管理工作，县级以上人民政府文化行政部门或者依法授权的文化市场综合执法机构对从事艺术品经营活动违反国家有关规定的行为实施处罚。

2. 推进艺术品市场诚信制度建设

建立符合艺术品市场发展要求的市场准入和从业资格管理制度、艺术品经纪人制度、评估鉴定制度等，加强与相关管理部门沟通协调。

3. 推动艺术品行业协会建设

各地文化行政部门要积极推动和指导艺术品行业协会开展服务标准、自律公约、经纪合同示范文本的制定和推广工作，以充分发挥协会在行业监督和自律方面的作用。

4. 积极推进艺术品市场立法进程

文化行政部门开展艺术品市场专题宣传和培训工作，向相关管理部门、经营单位、消费者宣传政策法规，增强经营者守法经营意识和消费者依法维权意识，提高交易风险防范能力，引导艺术品市场理性消费和投资，提升人民群众艺术鉴赏水平。

文化行政部门加强艺术品市场研究，总结管理经验，通过探索艺术品市场管理和行政执法的有效办法，推动艺术品市场法规建设。

（五）演艺市场管理

1. 演出团体管理

文化主管部门对演出团体拥有审批权。按照《营业性演出管理条例》规定，县级以上地方人民政府文化主管部门负责本行政区域内营业性演出的监督管理工作。县级以上地方人民政府公安部门、工商行政管理部门在各自职责范围内，负责本行政区域内营业性演出的监督管理工作。

设立文艺表演团体，应当向县级人民政府文化主管部门提出申请，文化主管部门应当自受理申请之日起 20 日内做出决定。批准的，颁发营业性演出许可证；不批准的，应当书面通知申请人并说明理由。申请人取得营业性演出许可证后，应当持许可证依法到工商行政管理部门办理注册登记，领取营业执照。

文化主管部门要加强对营业性演出的监督管理。演出所在地县级人民政府文化主管部门对外国的或者香港特别行政区、澳门特别行政区、台湾地区的文艺表演团体、个人参加的营业性演出和临时搭建舞台、看台的营业性演出，应当进行实地检查；对其他营业性演出，应当进行实地抽样检查。县级以上地方人民政府文化主管部门应当发挥文化执法机构的作用，并可聘请社会义务监督员对营业性演出进行监督。文化主管部门对在农村、工矿企业进行演出以及为少年儿童提供免费或者优惠演出表现突出的文艺表演团体、演员，应当给予表彰，并采取多种形式予以宣传。违规违法者由文化主管部门予以处罚。

文化主管部门要推动演出团体的体制改革。演出团体体制改革的目标是将其由完全靠国家拨款的事业单位，逐步转变为多渠道筹资、独立核算、自主经营、自我发展的社团法人。通过“全员聘任制”“合同制”“签约制”“股份制”等方式，推动演出团体面向市场、走向市场、参与市场，增强其生存能力、竞争能力和发展能力。

文化主管部门要运用各种手段引导演出团体注重社会效益。演出团体进入市场后，往往会出现片面追求经济效益而忽视社会效益的问题，政府文化职能部门应运用舆论宣传、文艺批评、优秀节目评选以及奖励和财政补贴等方法，引导和鼓励演出团体增强社会责任感，注重社会效益，多出佳作。通常情况下，政府文化职能部门对演出团体的引导一般是通过各种中介组织（文艺协会、基金会）来进行。

2. 营业性演出活动管理

营业性演出，是指以营利为目的为公众举办的现场文艺表演活动。政府文化职能部门对营业性演出活动实行审批制度：“举办营业性演出，应当向演出所在地县级人民政府文化主管部门提出申请。县级人民政府文化主管部门应当自受理申请之日起 3 日内作出决定。”（《营业性演出管理条例》，中华人民共和国国务院令第 528 号）

3. 演出经纪机构管理

演出经纪机构是指在演出市场上，从事文艺演出经纪活动，为表演者与观众提供中介服务，并收取经纪活动服务费，实行自主经营、独立核算、独立自主、自负盈亏、具有法人资格的经济组织。政府对演出经纪机构的管理主要体现在资格认定、经纪规范、监督管理等方面。申请设立演出经纪机构，应当向文化主管部门提交资格证明、资金证明等申请材料，文化主管部门应当自受理申请之日起 20 日内做出决定。批准的，颁发营业性演出许可证；不批准的，应当书面通知申请人并说明理由。演出经纪机构要遵守《营业性演出管理条例》《营业性演出管理条例实施细则》。

4. 演出场所管理

演出场所管理目的是为了规范演出、娱乐市场的健康发展，净化社会文化环境，保证人民群众生命财产安全。政府文化行政管理部门对演出场所的管理，主要体现在对演出场所的规划和建设等宏观管理层面，确保演出场所的建筑、设施符合国家安全标准和消防安全规范，定期检查消防安全设施状况，并及时维护、更新。要把演出场所的规划和建设作为城市文化设施建设的一个组成部分纳入城乡规划和设计中。要引导演出场所完善经营机制、提高服务质量和工作人员素质等。

（六）文学艺术人才队伍管理

要繁荣文学艺术创作，队伍是基础，人才是关键。坚持尊重劳动、尊重知识、尊重人才、尊重创造，深入实施人才强国战略，牢固树立人才是第一资源思想，全面贯彻党管人才原则，加快培养造就德才兼备、锐意创新、结构合理、规模宏大的文化人才队伍。

1. 培养各文学艺术门类高层次领军人物

文艺领军人物是我国文学艺术的标杆，也是中国文学艺术在国际文艺舞台上的形象和代表。要把培养各文艺门类领军人物作为人才队伍建设的重点，继续实施“四个一批”人才培养工程和全国文化名家工程，实施好国家“千人计划”“万人计划”文化艺术人才项目。建立重大文化项目首席专家制度，努力造就一批人民喜爱、有国际影响的大家、名家。

2. 基层文艺人才队伍建设

政府对基层文艺人才队伍的管理主要体现在：制定实施基层人才队伍建设规划，完善机构编制、学习培训、待遇保障等方面的政策措施，吸引优秀文化人才服务基层。加强基层文化基础设施建设，兴办各种不同门类的文艺团体和文化场所，提高文艺种类和文化场所的覆盖面与覆盖区域。重视发现和培养扎根基层的各类文化艺术方面的人才，对他们给予关心和照顾，促进他们健康成长、发挥作用。加大选拔优秀基层文化人才进入上级文化单位和文化主管事业单位的工作力度，让基层文化人才看到希望，增强服务基层的信心。壮大文化志愿者队伍，鼓励专业文化工作者和社会各界人士参与基层文化建设和群众文化活动，形成专兼结合的基层文化工作队伍。大力宣传基层先进人物和先进事迹，对贡献突出的基层文化工作者给予表彰奖励，营造有利于基层队伍稳定和发展的良好氛围。

3. 进行职业道德建设和作风建设

文化工作者是人类灵魂的工程师。要广泛开展职业道德职业精神教育，引导文艺工作者自觉遵守《中国文艺工作者职业道德公约》。按照习近平总书记《在文艺座谈会上的讲话》要求，激励广大文艺工作者加强思想道德修养，做道德品行和人格操守的示范者。引导广大文艺工作者特别是名家名人自觉践行社会主义核心价值观，增强社会责任感，多表现真善美的主题，坚决抵制学术不端、情趣低俗等不良风气。组织开展“做人民喜爱的文艺工作者”活动，引导文艺工作者牢记文化担当和社会责任，不断提高学养、涵养、修养。鼓励文化工作者追求积极的人生态度，陶冶高尚人格，培养健康向上的审美情趣，努力追求德艺双馨。

三、文学艺术管理的重点

地方政府当前和今后一个时期应当着重做好以下几方面的工作。

（一）推进文学艺术产品创作生产的发展繁荣

始终重视加强对文学艺术产品创作生产的引导，这是实现文化大发展大繁荣的重要前提，也是当前文化建设和发展中迫切需要解决的问题。

1. 坚持正确创作方向

正确创作方向是文学艺术创作生产的根本性问题，在当前，就是要坚持以人民为中心的创作导向。习近平总书记《在文艺座谈会上的讲话》指出：“社会主义文艺，从本质上讲，就是人民的文艺。”要牢固树立人民是历史创造者的观点，自觉以最广大人民为服务对象和表现主体，在人民生产生活中进行美的发现和美的创造。要引导文化工作者牢记为人民服务、为社会主义服务的神圣职责，自觉培育和弘扬社会主义核心价值观。深入开展中国梦主题文艺创作活动，不断丰富拓展中国梦的表现内容，着力书写人们寻梦的理想和追梦的奋斗，既讲好国家民族宏大故事，又讲好百姓身边日常故事，用生动的艺术形象和叙事体现中国梦的丰富内涵，见人、见事、见精神。唱响爱国主义主旋律，组织和支持爱国主义题材文艺创作，大力讴歌民族英雄，倾诉家国情怀，弘扬集体主义精神，不断增强做中国人的骨气和底气。传承和弘扬中华优秀传统文化，坚守中华文化立场，坚持古为今用、推陈出新，秉持客观科学礼敬的态度，努力实现创造性转化和创新性发展。

2. 推出更多优秀文艺作品

习近平总书记《在文艺座谈会上的讲话》中指出：“衡量一个时代的文艺成就最终要看作品。推动文艺繁荣发展，最根本的是要创作生产出无愧于我们这个伟大民族、伟大时代的优秀作品。没有优秀作品，其他事情搞得再热闹、再花哨，那也只是表面文章。”《中共中央关于繁荣发展社会主义文艺的意见》要求“把创作优秀作品作为中心环节”。要牢固树立精品意识，推出更多思想精深、艺术精湛、制作精良，体现时代文化成就、代表国家文化形象的文艺精品。组织实施中国当代文学艺术创作工程，科学编制现实题材、爱国主义题材、重大革命和历史题材、青少年题材等专项创作规划，优化创作生产平台，重点支持文学、影视剧、戏剧、音乐、美术等创作。提高组织化程度，集中力量、集聚资源，推出一批有筋骨、有道德、有温度、艺术震撼力强的大作力作，努力形成文艺创作生产的“高峰”。

（二）建立健全文学艺术创新体制机制

改革创新是增强文化发展活力、解放和发展文化生产力、加快文学艺术繁荣发展的强大动力。习近平总书记《在文艺座谈会上的讲话》中指出：“创新是文艺的生命。文艺创作中出现的一些问题，同创新能力不足很有关系。”要从建设文化强国和文化强省的全局和战略高度，不断增强改革创新的自觉性和坚定性，深化文化体制改革，推进观念创新、体制创新、机制创新、内容创新、形式创新、传播手段创新、业态创新、科技创新，进一步增强文学艺术发展的生机和活力。

1. 建立健全有利于文化工作者深入实际、深入生活、深入群众的体制机制

要增强文化工作者深入实际、深入生活、深入群众的自觉性，充分调动文化工作者的积极性和创造性，努力营造有利于文化创新的良好环境。习近平总书记《在文艺座谈会上的讲话》中指出："关在象牙塔里不会有持久的文艺灵感和创作激情。有一位苏联诗人形容作家坐在屋里挖空心思写不出东西的窘态是'把手指甲都纹出了水来'。我们要走进生活深处，在人民中体悟生活本质、吃透生活底蕴。只有把生活咀嚼透了，完全消化了，才能变成深刻的情节和动人的形象，创作出来的作品才能激荡人心。"要制定支持文艺工作者长期深入生活的经济政策，健全长效保障机制，为他们蹲点生活、挂职锻炼、采风创作提供必要的工作条件和成果展示平台。完善激励机制，把深入生活纳入文艺单位目标管理和领导班子业绩考核，作为文艺工作者业务考核、职称评定、表彰奖励的重要依据。发挥知名作家艺术家的带头作用，使其深入生活、扎根人民在文艺界蔚然成风。

2. 着力形成文化创新机制

习近平总书记《在文艺座谈会上的讲话》指出："要把创新精神贯穿文艺创作生产全过程，增强文艺原创能力。"要坚持内容为王、创意制胜，提高文艺原创能力。重点扶持文学、剧本、作曲等原创性、基础性环节，避免过多过滥的重复改编。把继承创新和交流借鉴统一起来，深入挖掘和提炼优秀传统文化中的有益思想艺术价值，积极吸收各国优秀文化成果。推动文艺与新技术、新业态、新模式、新媒体有机融合，以数字化技术为先导，积极推动文艺创作生产方式的变革和进步。

3. 加强知识产权保护和管理

加强知识产权保护，是维护文学艺术产品创作生产者合法权益的有效途径。要加强立法工作，进一步完善著作权法等法律法规。我国颁布了《国家知识产权战略纲要》，进一步提升版权保护工作的战略地位。国家版权局在《版权工作"十三五"规划》中，进一步明确"十三五"时期我国

版权保护及相关产业发展目标任务和政策措施，建设涵盖文学艺术、广播影视、新闻出版等领域的版权公共服务平台和版权交易平台。力争到2020年，版权法律制度体系更加完备，版权工作法治水平进一步提高；版权执法监管力度不断加大，版权保护环境明显改善；版权社会服务体系更加完善，版权产业又好又快发展；版权创作、运用、保护、管理和服务能力显著增强，全社会版权意识大幅提升。

（三）完善文艺创作产品评价体系和激励机制

完善文艺创作产品评价体系和激励机制，对于坚持正确创作方向、推出更多社会效益和经济效益俱佳的精品力作，具有重要作用。

1. 制定科学的文化产品评价标准

《中共中央关于繁荣发展社会主义文艺的意见》中指出，要建立经得起人民检验的评价标准。习近平总书记《在文艺座谈会上的讲话》中指出："一部好的作品，应该是经得起人民评价、专家评价、市场检验的作品，应该是把社会效益放在首位，同时也应该是社会效益和经济效益相统一的作品。""文艺不能当市场的奴隶，不要沾满了铜臭气。优秀的文艺作品，最好是既能在思想上、艺术上取得成功，又能在市场上受到欢迎。"要以最广大人民的根本利益为出发点和落脚点，坚持把社会效益放在首位，努力实现社会效益和经济效益、社会价值和市场价值相统一。建立健全反映文艺作品质量的综合评价体系，完善影视剧、文艺演出、美术和文艺类出版物等创作生产出版的立项、采购、评审标准，完善文艺作品推介传播等环节的评估标准，把票房收入、收视率、收听率、点击率、发行量等量化指标，与专家评价和群众认可统一起来，推动文艺健康发展。

2. 加强和改进文化评奖工作

这些年来，各地开展的精神文明建设"五个一工程"和文华奖、华表奖等评选表彰活动，推出了一大批融思想性艺术性观赏性于一体的优秀文艺作品，在社会上产生广泛影响。同时要看到，当前文化评奖不同程度存在过多过滥、权威性不够等问题，应该进一步加强和改进，要精简评奖种类。《中共中央关于繁荣发展社会主义文艺的意见》要求，中共中央和地方设立文艺创作专项资金或基金，加大对创作生产的投入，加强对评论、宣传和推广的保障。发挥精神文明建设“五个一工程”等的示范导向作用，加大评奖成果的宣传展示。办好媒体文艺栏目节目，实施中国文艺原创精品出版项目。

3. 加强文艺理论建设和文艺评论工作，大力推介优秀文艺作品

理论评论与创作相互依存、相互促进，是文艺创作的重要推动力。应当从指导思想、方法手段、阵地队伍等多方面入手，着力加强文艺理论建设和文艺评论工作。习近平总书记《在文艺座谈会上的讲话》中指出：“要高度重视和切实加强文艺评论工作。文艺批评是文艺创作的一面镜子、一剂良药，是引导创作、多出精品、提高审美、引领风尚的重要力量。……文艺批评褒贬甄别功能弱化，缺乏战斗力、说服力，不利于文艺健康发展。”《中共中央关于繁荣发展社会主义文艺的意见》中指出，要坚持以马克思主义为指导，继承中国传统文艺理论评论优秀遗产，批判借鉴外国文艺理论，研究梳理、弘扬创新中华美学精神，推动美德、美学、美文相结合，展现当代中国审美风范。实施马克思主义文艺理论与评论建设工程，深入研究中国特色社会主义文艺理论，编好用好马克思主义文艺理论教材，把马克思主义中国化最新成果贯穿到课堂教学和文艺评论实践各环节。扶持重点文艺评论力量，发挥好各级文艺评论组织、研究机构、高等学校的积极作用。办好重点文艺评论报刊、网站和栏目，丰富表达形式，拓展传播途径。

（四）加强文学艺术人才的队伍建设

人才是文学艺术发展的第一资源，文学艺术繁荣必须有庞大的人才群体支撑。习近平总书记《在文艺座谈会上的讲话》中指出：“繁荣文艺创作、推动文艺创新，必须有大批德艺双馨的文艺名家。要把文艺队伍建设摆在更加突出的重要位置，努力造就一批有影响的各领域文艺领军人物，建设一支宏大的文艺人才队伍。”应当坚持尊重劳动、尊重知识、尊重人才、尊重创造，培养造就德才兼备、锐意创新、结构合理的人才队伍。《中共中央关于繁荣发展社会主义文艺的意见》强调，要培养造就文艺领军人物和高素质文艺人才。深入实施文化名家暨“四个一批”人才工程，

进一步加大文艺名家资助扶持、宣传推介力度，实施好国家“千人计划”“万人计划”文化艺术人才项目，加大国内文化艺术领军人才和青年拔尖人才培养支持力度。

1. 尊重规律，科学管理

对文艺人才的管理主要是指导性的，而非指令性的；是宏观管理，而非微观管理。对文艺人才的管理，应当尊重艺术发展的规律及文艺人才的特性，不能用一般人才的管理方法去管理。习近平总书记《在文艺座谈会上的讲话》中指出：“要尊重文艺工作者的创作个性和创造性劳动，政治上充分信任，创作上热情支持，营造有利于文艺创作的良好环境。”应当像容纳各种不同风格、不同主题的作品一样，能够容纳各种不同气质、不同性格的文艺人才。文艺人才的创作需要广阔的生存空间，不能生活于狭窄的某个地方。所以，文艺管理部门应该根据具体情况，为他们提供适宜的生活环境，让他们有条件到社会中去充当不同的角色，细致地观察生活，以获取素材和灵感。

2. 积极扶持，重点培养

继续实施“四个一批”人才培养工程，加强文艺领域的中青年人才和高层次经营管理人才、专门技术人才的培养。实施“文化名家工程”，通过重点扶持和资助文化名家承担重点课题、重点项目、重要演出，开展创作研究、展演交流、出版专著等活动，遴选扶持一批造诣高深、成就突出、影响广泛的宣传思想文化领域杰出人才。落实重大文化项目首席专家制度，完善文艺人才职称职务评聘措施和办法，支持特殊专业艺术人才的学历、职称认定。

3. 发挥文艺表彰的激励引导作用

落实相应的国家荣誉制度，对成就卓著的文艺工作者授予国家荣誉称号。加大对优秀文艺人才、文艺作品的宣传力度，使优秀作家艺术家专业上有权威、社会上受尊重。做好中青年德艺双馨文艺工作者评选表彰工作。改革和完善有利于文艺繁荣发展的酬劳和奖励办法。形成尊重文艺人才、尊重文艺创造、文艺精品和文艺人才不断涌现的生动局面。

4. 建立健全有利于优秀人才脱颖而出的体制机制

贯彻落实全面深化改革的要求，扎实推进文化事业单位改革。运用市场机制，调动作家艺术家积极性，推动多出优秀作品。进一步完善各项文艺扶持政策，加大对国有文艺院团改革发展的扶持，加大对文学艺术重点报刊、重点网络文学网站的扶持。鼓励和引导社会力量参与文艺创作生产和公益性文化活动，形成各类文艺单位相互补充、共同发展的良好局面。要通过招聘、签约、客座等多种形式，加大对文艺人才的引进力度，大力营造“引得进、留得住、用得好”的用人环境。要充分发挥各方面人才的积极作用，既要调动好专业文艺工作者的积极性、主动性、创造性，也要加强与业余作家、网络作家等各方面人才的联系，在评奖、职称评定、培训、资助等方面一视同仁，使他们团结在党和政府的周围，各尽其能、各展所长。“要通过深化改革、完善政策、健全体制，形成不断出精品、出人才的生动局面。”①

案例 6

山东省第一批签约文艺评论家暨省作协第四批签约作家签约仪式在济南举行②

2015 年 4 月 21 日，山东省第一批签约文艺评论家暨省作协第四批签约作家签约仪式在济南举行。30 位文艺评论家和 20 位作家从全省中青年文艺评论工作者和作家中脱颖而出，成为山东省首批“签约文艺评论家”、第四批省作协“签约作家”。山东省探索建立签约文艺评论家制度，是贯彻习近平总书记系列重要讲话特别是在文艺工作座谈会上的重要讲话精神，加强文艺评论工作的创新举措和有益尝试。

第一批签约文艺评论家由 10 名“签约文学评论家”和 20 名“签约艺术评论家”组成，统称为“山东省签约文艺评论家”。签约文艺评论家的日常联络和考核管理工作在省委宣传部指导下，由省文联和省作协分别具

① 习近平．在文艺座谈会上的讲话．新华网，2016-10-10.

② 朱东丽．山东省第一批签约文艺评论家暨省作协第四批签约作家签约仪式在济南举行．http：//www. sdzj. org/content-139428816469. htm.

体负责。

据介绍，10位签约文学评论家和20位第四批签约作家是在各市、大企业文联（作协）和有关部门、单位推荐报送的人选中，由评审委员会按照严格规范的程序评选出来的。他们具有以下几个特点：一是专业层次高。10人全部具有博士学位，其中教授7人，副教授3人。二是研究能力强。10人都是活跃在全国和全省的以当代文学研究为主的中青年文学评论家，具有较深厚的文学艺术理论基础、学术素养、评论功底和一定的社会影响。大多在全国重要社科、文学期刊发表过数量较多的文学评论作品，或者在重要出版社出版过具有较大影响的文学评论作品，文学评论作品多次全国重要选刊转载或者被重要选本选入，多数获得过省级以上重要文学评论奖项。三是年龄结构优。10位签约文学评论家平均年龄43.9岁，其中，70后7人，占了2/3以上。四是申报选题好。他们申报的选题学术性、实践性强，既有理论性，又能够与山东作家作品和地域特点结合起来，注意弘扬中华传统文化和社会主义核心价值观。大多数选题都能够围绕当代文学的前沿问题和山东文学的实际确定选题，创新意识强。既有研究作家作品的，也有研究地域文学的；既有研究小说的，也有研究诗歌和其他体裁的；既有研究文学理论的，也有研究创作现象的，涉及面比较广。

第四批签约的作家共20位。与前三批签约作家相比，第四批签约作家有以下特点：一是来自基层，分布广泛。这20位作家除了西藏自治区拉萨市作协的1位外，其余19人来自全省13个市和省直单位、企业、部队，其中2人是农民、1人是下岗职工、3人是自由撰稿人、2人是企业在职职工、2人是教师、4人是机关事业单位干部职工、1人是现役军人、2人是公安干警、2人是市文联专业创作人员。他们绝大多数来自基层，属于“草根”作家，有丰富的生活积累，有原生态的生存感悟，有非常真挚的文学理想，具有广泛的代表性，是山东省新生创作力量的优秀代表。二是结构合理，阵容整齐。从年龄上看，20位作家平均年龄为44.8岁，“70后”作家11位，占了一半多。从体裁上看，本次签约作家的创作体裁涵盖了小说、诗歌、散文、报告文学、儿童文学五大门类。从性别构成上看，有11位女作家，占了55%，充分说明了女作家的创作实力。这是一支充满生机和活力的作家队伍，是山东省中青年作家的佼佼者，通过签约作家制度对其进一步进行扶持和激励，让他们尽情施展才华，充分发挥创作潜能，一定能够创作出一批体现时代精神、反映人民呼声的文学精品力作。三是创作丰厚，潜力较大。本次签约的20位作家，很多已在全国重要文学期刊上发表了大量优秀作品，出版了多部文学著作，基本形成了自己的文学艺术风格特色，受到文学界和社会的广泛关注和好评，有的作品被多种重要文学选刊选本转载选载、列入年度文学排行榜，有的被文学研究者列为研究对象进行研究与评论。其中，10余人次获得过鲁迅文学奖、全国精神文明建设“五个一工程”奖、《人民文学》奖、《中国作家》奖等具有广泛影响的全国性文学奖项，多数获得过齐鲁文学奖、泰山文艺奖（文学创作奖）等省内文学最高奖项。可以说，他们都已经凭借个人实力在文学界获得了一定程度的认可，在全国和全省产生了较大影响，堪当重塑“文学鲁军”品牌的重任。

山东省作家协会党组书记、副主席杨学锋表示，山东省作协一定在山东省委的领导下，在山东省委宣传部的指导下、在山东省财政厅的支持下，进一步建立完善科学有效的管理激励机制，为签约文学评论家和签约作家提供良好的创作条件，创造优越的创作环境，营造浓厚的创作氛围，为他们当好后盾，做好后勤，搞好服务，引导督促他们积极进取，勇于创新，以优异的创作成绩回报社会，回报党和人民的关心和厚爱，为人民群众创作出更多更好的精品佳作，为山东省文学事业的大发展、大繁荣做出新的更大的贡献。

小链接

为适应文学发展新形势的需要，在山东省委、省政府大力支持下，山东省作协从2009年开始实施签约作家制度。目前，签约作家制度已经成为推动山东省文学事业繁荣发展的有效工作机制。这一制度成为推进作协工作的创新之举。实行签约作家制度，打破了传统的驻会专业作家体制，由过去“花钱养人”转变为“激励创作”，形成了多出作品、出好作品的竞争激励。

签约作家制度充分尊重文学创作的特殊规律，采用生活补贴与作品奖励相结合的办法，既为签约作家从事文学创作提供了基本的生活补贴，又引入竞争机制，对创作精品者给予奖励，激发了作家创作精品的积极性。签约作家一签三年，为作家创作精品留出了必要的时间和空间，符合文学创作周期的需要。对签约作家实行任务调度和专家评审制度，管理、指导、监督三管齐下，为加强管理和跟踪指导、及时掌握签约作家的创作情况、确保创作任务保质保量完成，提供了必要保障。同时，签约作家制度为签约作家深入生活、开阔视野、积累素材、创作精品搭建了更加有利的平台。

实践证明，实行签约作家制度，真正达到了扶持文学人才成长、激励文学精品创作的目的和效果。第一、二批签约作家创作出版长篇小说和其他体裁文学作品 75 部；在《人民文学》《中国作家》《当代》《诗刊》等国家级及省级以上报刊发表各类文学作品 1093 篇（部）。284 篇（部）作品被《新华文摘》《小说选刊》《小说月报》《长篇小说选刊》《作品与争鸣》《中华文学选刊》《中篇小说选刊》《诗选刊》《散文选刊》等重要选刊转载，或入选多种重要文学年选、选本。在全国各类重要文学评奖中获奖 23 次，一件作品进入 2012 年度中国报告文学排行榜，一件作品进入 2013 年度中国小说排行榜，进一步提升了山东文学在全国文坛的影响力。

第二节　体育管理

体育是我国文化建设的有机组成部分，发展体育运动是满足人民群众精神文化生活需求的重要内容。

体育管理是指地方政府体育管理部门采取科学的管理理念、有效的管理方法、切实的服务手段，对体育事业发展的规模、速度、类型、结构和布局等进行统筹规划、资源配置，行使体育管理的决策、计划、组织、领导、控制、创新等职能，以实现既定的体育目标。体育管理涉及面很广，包括学校体育管理、运动训练管理、体育赛事管理、竞技体育管理、社会体育管理、体育产业管理等方面。

一、体育管理体制

体育管理体制指体育管理各层级各门类的机构与组织设置、权限划分、有序运行等方面的有机构成，是实现体育目标的组织保证。一个国家的体育管理体制是由其政治、经济体制决定的，而体育管理体制又决定了体育管理系统的运行。纵观现代世界各国的体育管理体制，依据体育领域中社会集团权利的归属，可分为政府管理型、社会管理型以及介于两者之间的结合型等三种基本类型。

一是政府管理型。特点是由政府设立专门的机构管理体育，政府的权力高度集中，并采用行政的方式进行从宏观到微观等各个层次的全面管理。另一方面，各种社会体育组织则常常不具备实质性的管理功能。这种类型主要存在于社会主义国家，如苏联、古巴、朝鲜等。

二是社会管理型。特点是体育主要由社会体育组织进行管理，政府一般不设立专门的体育管理机构，政府对体育事务介入和干预时，也常常采用立法或经济补贴等方式间接进行。典型的是美国的体育管理体制。

三是结合型。特点是由政府和社会体育组织共同管理体育，政府设有专门的管理机构，或派几个有关的部门负责管理；政府对体育实行宏观管理，即制定方针政策，发挥协调、监督的职能，而由社会体育组织负责具体的工作，国际上大多数国家采用这种管理体制，如英、德、法、韩等国。

中国的体育管理体制由政府管理和社会体育管理系统两大系统组成。

（一）政府管理机构

由各级体育局组成，通常称为体育局系统，是体育管理的主系统。在这个系统内，下级体育局接受上级体育局的业务指导，同时，受该级人民政府在人事、财务等方面的行政领导。体育局系统内部的最高领导权力属于国务院下属的国家体育总局，下设 13 个司局及运动管理中心等；各省的地方体育局分别设立相关的职能部门。

（二）社会管理组织及机构

由专门从事体育管理工作的社会组织构成，可分三个子系统：中华全国体育总会，包括各级体育总会、全国性单项运动协会、全国性行业系统体育协会、军队群众体育组织；中国奥林匹克委员会；中国体育科学学会，下设14个分会、专业委员会以及两个编委。

自20世纪50年代以来中国形成的体育管理体制被称为“举国体制”，这一体制一直延续了40余年。直到中国经济体制改革，特别是确立建设中国特色的社会主义市场经济以来，才开始发生了一些本质的变化，但仍然未能完全适应形势需要。当前各地正处于不断的改革、探索和完善之中，目标是建立中国特色社会主义的体育管理体制。

二、体育管理的内容

地方政府对体育管理的基本工作任务包括以下几方面。

（一）群众体育管理

全面贯彻《全民健身条例》，实施《全民健身计划（2016—2020年）》，统筹建设全民健身公共服务体系和产业链、生态圈，提升全民健身现代治理能力。力争到2020年，群众体育健身意识普遍增强，群众身体素质稳步增强。全民健身的教育、经济和社会等功能充分发挥，与各项社会事业互促发展的局面基本形成，体育消费总规模达到1.5万亿元，全民健身成为促进体育产业发展、拉动内需和形成新的经济增长点的动力源。

（二）竞技体育管理

以推动训练和管理创新为重点，进一步深化对竞技体育发展规律、后备人才培养规律、运动项目制胜规律、体育竞赛的备战参赛规律、运动队管理和训练规律的认识，建立符合世界竞技体育发展规律和趋势、适应中国国情的竞技体育管理体制与运行机制，进一步提升我国竞技体育的综合实力和国际竞争力。巩固和扩大优势项目，强化潜优势项目，提高基础大项和集体球类项目整体水平，落后项目力争有所突破，冬季项目水平稳中有升。

（三）体育产业管理

贯彻落实国务院办公厅《关于加快发展体育产业促进体育消费的若干意见》，遵循产业发展规律，完善市场机制，积极培育多元市场主体，吸引社会资本参与，充分调动全社会积极性与创造力，提供适应群众需求、丰富多样的产品和服务。到2025年，基本建立布局合理、功能完善、门类齐全的体育产业体系，体育产业总规模将超过5万亿元，使其成为推动经济社会持续发展的重要力量。

（四）体育人才队伍管理

深入贯彻落实《全国体育人才发展规划》，实施《2022年冬奥会人才工作规划》，继续实施“优秀中青年专业技术人才百人计划”“精英教练员双百培养计划”等专项人才计划，充分发挥北京体育大学、国家教练员学院、国家体育总局干部培训中心等机构的作用，加强体育特色专业和重点学科建设，加强教练员岗位培训工作，壮大体育人才队伍。

三、体育管理的重点

地方政府要大力发展体育事业，应当着重做好以下五个方面的工作。

（一）进一步深化重点领域改革创新，增强体育发展活力

加快政府职能转变，进一步厘清体育行政部门权力边界，减少审批事项，放宽市场准入，实施负面清单管理模式；进一步健全政府购买体育服务体制机制，完善资金保障、监督管理、绩效评价等配套政策。创新体育社会组织管理，大力引导、培育、扶持体育社团、体育民办非企业单位、体育基金会等体育社会组织发展。落实《行业协会商会与行政机关脱钩总体方案》。推进职业体育改革，鼓励具备条件的运动项目走职业化道路。实施足球改革，加强足球场地设施建设，继续推进校园足球发展；完善职

业足球俱乐部的法人治理结构，加快现代企业制度建设，充分发挥俱乐部的市场主体作用。创新体育场馆运营，引入和运用现代企业制度，激发场馆活力，探索大型体育场馆所有权与经营权分离，鼓励场馆运营管理实体通过品牌输出、管理输出、资本输出等形式实现规模化、专业化运营。

（二）加快完善公共体育服务体系

大力发展公益性体育事业，构建“亲民便民惠民利民”的公共体育服务体系，是实现和维护人民群众基本体育权益的主要途径。

1. 不断完善基本公共体育服务

以实施《全民健身计划（2016—2020年）》为主要抓手，加快建设水平较高、内容完备、惠及全民的基本公共体育服务体系，逐步推动基本公共体育服务在地域、城乡和人群间的均等化。推进基本公共体育服务示范区建设，制定结构合理、内容明确、符合实际的基本公共体育服务标准体系。加强基本公共体育服务信息化建设，建立数据采集和监测体系。创新全民健身组织方式、活动开展方式、服务模式，开展实施效果评估和满意度调查。

2. 加强健身场地设施建设与管理

重点建设一批便民利民的健身场地设施，逐步建成县（市、区）、街道（乡镇）、社区（村）三级群众健身场地设施网络，推进建设城市社区15分钟健身圈。推动休闲健身场地设施建设，构建休闲健身运动场地设施网络。结合基层综合性文化服务中心、农村社区综合服务设施建设及区域特点，加强乡镇体育场地设施建设。优化健身场地设施投资结构，鼓励社会资本投入健身设施建设，落实国家财税优惠政策。

3. 广泛开展丰富多样的全民健身活动

大力发展健身走（跑）、骑行、登山、徒步、游泳、球类、广场舞等群众喜闻乐见的运动项目，积极培育冰雪、帆船、击剑、赛车、马术、极限、航空等具有消费引领特征的时尚运动项目，扶持推广武术、太极拳、健身气功等民族民俗民间传统运动项目，鼓励开发适合不同人群、不同地域特点的特色运动项目。建立有效的业余竞赛活动体系和激励机制，探索多元主体办赛机制，促进全民健身活动广泛开展。基本建成覆盖全社会的全民健身组织网络，推动全民健身组织自身建设，构建全民健身志愿服务组织网络。

4. 加大科学健身指导和宣传力度

建立广泛覆盖城镇乡村的体质测试平台，进一步完善国民体质测试常态化机制，探索体质测定与运动健身指导站、社区医院等社会资源相结合的运行模式。组织开展科学健身主题宣传活动，引导各级各类媒体运用群众喜闻乐见的方式，普及健身知识，推广健康生活方式，提高公众对科学健身的知晓率、参与率，提升运动健身效果。

5. 加快青少年体育发展

实施青少年体育活动促进计划，进一步加强青少年体育俱乐部、体育传统校和青少年户外体育活动营地建设。大力推动青少年校外体育活动场地设施建设，探索青少年校外体育辅导员队伍的培育工作，广泛开展丰富多样的青少年公益体育活动和运动项目技能培训，促进青少年养成体育锻炼习惯，能够掌握一项以上体育运动技能。完善青少年体育评价机制。

6. 保障特殊群体基本体育权利

加强对老年人、残疾人等特殊群体开展体育活动的组织与领导，研制与推广适合特殊群体的日常健身活动项目、体育器材、科学健身方法。构建政府主导、多元主体参与的特殊群体体育活动保障体系，加大供给力度，提高精准化服务水平。

（三）进一步增强竞技体育综合实力

提高竞技体育水平，增强竞技体育可持续发展能力，是综合国力提升的体现，也是为国争光的重要前提。

1. 转变竞技体育发展方式

坚持和完善竞技体育举国体制，逐步形成国家办与社会办相结合的竞技体育管理体制和评估体系。创新竞技体育发展理论、训练理念、技战术、组织管理等。完善国内综合性运动会和单项比赛竞赛组织与管理办法，发挥竞赛的杠杆作用，调动社会资源参与办赛积极性，建设品牌赛事，实现社会效益与经济效益融合统一。树立正确政绩观，充分认识竞技体育多元功能和综合社会价值。

2. 优化竞技体育项目结构

坚持突出重点、优化结构、提高效益。优势项目保持优势，潜优势项目加快发展，基础项目和集体球类项目水平稳步提高。重点发展符合本地区实际、具有区域特点的竞技体育项目。

3. 全面提升反兴奋剂工作水平

全面贯彻实施《反兴奋剂条例》《反兴奋剂管理办法》，完善反兴奋剂管理体系，探索建立兴奋剂综合治理长效工作机制，做好备战参赛的各类运动会的反兴奋剂工作。全面开展反兴奋剂教育资格准入，实施“反兴奋剂进校园工程”。继续开展反兴奋剂基础性工作，推进创新性的反兴奋剂新技术、新方法研究，提高兴奋剂管制的质量和水平。

（四）加快发展体育产业

我国体育产业仍然处于发展初期，面临着产业结构不合理、政策制度不完善、市场管理不规范、市场规模不大等诸多问题。要进一步扩大体育产业规模，优化结构，提高质量和效益，增强创新能力，促进体育产业又好又快发展。

1. 进一步调整体育产业结构

进一步优化体育服务业、体育用品制造业及相关产业结构，实施体育服务业精品工程、体育用品制造业创新提升工程和体育产业融合发展工程。加快体育产业要素结构升级，培育专业人才、品牌、知识产权等高级要素。引导和支持“互联网＋体育”发展，鼓励开发以移动互联网为主体的体育生活云平台及体育电商交易平台。与旅游部门共同研制《体育旅游发展纲要》，开展全国体育旅游精品项目推介，打造一批体育旅游重大项目。

2. 优化体育产业空间布局

积极推进区域体育产业协同发展，鼓励各地因地制宜发展区域特色产业。联合发展改革部门，加强对体育产业联系点城市的政策指导，督促相关地区和单位做好联系点组织实施工作。

3. 培育体育市场主体

着力扶持、培育一批有自主品牌、创新能力和竞争实力的骨干体育企业。深化体育类国有企业改革，提升体育产业领域中国有资产的价值。引导有实力的体育企业以资本为纽带，实行跨地区、跨行业、跨所有制的兼并、重组、上市。鼓励体育优势企业、优势品牌和优势项目“走出去”。全面落实国家扶持中小微企业发展的政策措施，积极扶持中小微体育企业发展，鼓励成立各类体育产业孵化平台，为体育领域的“大众创业、万众创新”提供环境。

4. 扩大体育产品供给

加大财政金融扶持力度，支持社会力量进入体育产业领域，建设体育设施，开发体育产品，提供体育服务。发挥政府购买服务等支持作用，进一步丰富体育服务供给。培育一批具有自主知识产权的体育用品知名品牌，重点支持可穿戴运动设备和智能运动装备的研发和制造。

5. 引导和扩大体育消费需求

研究制定引导体育消费的政策措施，有条件的地区可以探索面向特定人群或在特定时间试行发放体育消费券。加强体育场馆等体育消费基础设施建设与改造，引导社会力量盘活存量资源，改造旧厂房、仓库、老旧商业设施等用于体育健身，鼓励机关、学校等企事业单位的体育场馆设施向社会开放。推动体育企业与移动互联网的融合，积极利用大数据、云计算、智能硬件和各类主题 APP 拓展客户，提升体育营销的针对性和有效性。

（五）提高体育人才队伍整体素质

高素质的体育人才队伍是推动体育事业健康可持续发展的关键，要坚持人才优先发展战略，着力提高体育人才队伍素质，为体育强国建设提供强有力的智力支持。

1. 壮大体育人才队伍

充分发挥高等院校的优势，加强体育特色专业和重点学科建设，支持高等院校与运动项目协会协同创新，共同发展。创建体育院校创新创业服务平台，深化体育院校竞赛改革和创新，协调做好体育高等职业教育和继续教育。

2. 完善运动员文化教育与保障体系

推进运动员文化教育常态化，协调做好公办体育运动学校运动员文化教育督导工作，推动义务教育阶段文化教育工作纳入当地教育管理序列。加强运动员在役期间的文化教育工作，建立运动员文化教育与保障信息服务系统。推进优秀运动员进入高等院校学习的各项政策改革。继续完善运动员收入分配和激励保障政策，实现社会保障制度对运动员全面覆盖。全面开展运动员职业意识养成教育、运动员职业生涯规划和职业培训工作。进一步做好退役运动员就业安置工作，完善运动员职业转换社会扶持体系，引导和鼓励退役运动员积极从事全民健身服务、学校体育、体育产业经营开发等工作。

3. 加强竞技体育后备人才培养工作

制定出台《关于进一步加强竞技体育后备人才培养工作的指导意见》，充分发挥竞技体育举国体制优势，积极调动社会各界力量，拓宽后备人才培养渠道，构建富有成效的后备人才培养体系。

4. 提升教练员、裁判员业务能力和综合素质

完善教练员岗位培训制度，加强教练员培养工作。改革和完善裁判员管理体制，加大裁判员培养力度，加强裁判员管理监督，提高裁判员专业水平。

思考题

1. 政府文学艺术管理的主要内容有哪些？
2. 政府实施文学艺术管理，重点应做好哪几方面的工作？
3. 政府对体育管理的基本工作任务包括几个方面？

参考书目

1. 习近平总书记关于文化与文化建设的一系列重要论述.

2. 祁述裕．政府文化管理概论［M］．北京：国家行政学院出版社，2014.

3. 国家“十三五”时期文化改革发展规划纲要，中共中央关于繁荣发展社会主义文艺的意见，体育发展“十三五”规划．

第八章

旅游节庆管理

旅游业与节庆产业的发展，不仅能够推进国内经济结构调整和供给侧结构性改革、形成中国经济新的增长点，同时，也是满足公民精神文化消费需求、建设社会主义文化强国的重要内容。因此，加强旅游和节庆管理应是地方政府的一项重要工作。

第一节 旅游管理

文化与旅游密不可分，文化是旅游的灵魂，旅游是文化的重要载体。旅游业作为最具大众化消费特点的文化产业之一，在文化建设中受到广泛重视。根据《2016 中国旅游业发展报告》中显示，中国旅游已经成为世界旅游格局中的重要力量，中国国内旅游人次、出境旅游人次和国内旅游消费、境外旅游消费、创造就业岗位数均列世界第一。当前，全面建成小康社会对旅游业发展提出了更高的要求，同时也提供了重大机遇，我国旅游业正迎来新一轮黄金发展期。本节介绍旅游管理的体制、旅游管理的内容和旅游管理的问题及措施等。

一、旅游管理的体制

旅游管理体制是指国家对整个旅游经济活动和运行进行协调与管理的组织形式、机构设置、职权划分、管理制度和运行方式等的总称。旅游管理体制是旅游管理的基础和核心，渗透旅游管理的各环节、各领域和各个方面，是旅游经济活动正常开展和旅游经济有效运行的重要保障，也是实现旅游经济发展目标的重要手段。

我国政府现行的旅游管理体制是：国家旅游局是我国旅游行政管理机构，负责统一管理我国的国际国内旅游业。各省、自治区、直辖市均成立旅游局或旅游发展委员会，作为地方旅游行政管理机构，受地方政府和国家旅游局双重领导，以地方政府为主，负责统一管理本地区的旅游工作。目前，我国的旅游重点发展城市、地区和一大批县、区都成立了旅游行政管理机构，基本形成了全国比较完善的旅游管理体系。其主要表现在以下五方面。

(一)形成了多元化的旅游所有制结构与经营格局

我国旅游管理体制，按照建立社会主义市场经济体制的总体要求，通过多年的改革和完善发展，基本形成了以公有制为主体、多种所有制并存发展的所有制结构。所有制的改革和新结构的形成，促进了旅游经营形式的变化，从而形成了多种形式的经营格局。以旅游业中餐饮业的改革为例，在坚持以国有制为主体的情况下，大力引进外资、民营资本，促进旅游饭店股份制改革，从而形成了以公有制为主体、多种所有制并存发展的旅游饭店所有制格局。

并在此基础上，形成了与社会主义市场经济体制相适应的经营格局，即直接面向市场并与国际接轨的，依法自主经营、自负盈亏的经营方式。同时，建立星级饭店统计管理系统，引进国际知名的旅游饭店连锁集团和管理等。

(二)初步建立了现代治理体系

全国人民代表大会常务委员会于2013年4月25日公布实施了《中华人民共和国旅游法》(以下简称《旅游法》)，建立了国务院旅游工作部际联席会议制度，统筹协调全国旅游工作。出台了《国民旅游休闲纲要(2013—2020年)》《国务院关于促进旅游业改革发展的若干意见》(国发〔2014〕31号)等文件，各地出台了旅游条例等法规制度，形成了以旅游法为核心、政策法规和地方条例为支撑的法律政策体系，初步建立起依法治旅、依法促旅的旅游业现代治理体系。

(三)形成了多层次的旅游行政管理体系

在推进微观旅游体制改革、搞活旅游企业经营的同时，进行了旅游宏观管理体制改革，形成了多层次、比较完善的旅游行政管理体系。一是将旅游行政管理部门明确纳入各级政府行政系列，使其成为政府管理旅游行业的专门机构；二是初步建立起国家、省(区、市)、地(州、市)和县(市、区)四级旅游行政管理体系，并明确划分了各层次的职责和权限；

三是明确了旅游行政管理部门的行业管理目标、重点和要求等。

（四）形成了面向全行业的旅游管理职能

按照党的十八届三中全会精神，要强化宏观指导，把旅游发展置于简政放权、让市场发挥决定性作用的进程。通过旅游管理体制改革和旅游宏观管理职能的转变，将传统地对旅游企业的管理转变为向全行业提供服务。强化旅游行业管理，是实现旅游管理体制改革的根本标志。这种面向全行业服务的旅游管理职能，其主要表现在各级政府加强对旅游开发建设的规划和指导，不断开发、设计和完善旅游产品，加大对国内外旅游市场的开拓力度，强化对中国旅游形象和各地旅游主题的宣传促销，促进旅游服务质量的改善和提高，推动旅游全行业的标准化管理等，从而有力地促进了我国旅游业全面协调可持续发展。

（五）基本形成了符合市场经济体制的旅游管理制度

随着旅游管理体制改革的深入，特别是贯彻落实以《旅游法》为重点的法律法规，使旅游管理逐步形成了符合社会主义市场经济体制的旅游管理制度，保障旅游者和旅游经营者的合法权益，规范旅游市场秩序，为保护和合理利用旅游资源，促进旅游业持续健康发展提供了保障。《旅游法》的实施不仅促进我国旅游管理走上了依法管理的轨道，还促进了我国国际旅游和国内旅游的迅速发展，使中国旅游迅速崛起而进入世界旅游大国的行列。随着简政放权、依法行政、放管结合及优化服务改革工作的推进，将进一步激发旅游业创新发展的市场活力。

二、旅游管理的内容

世界旅游组织的研究表明，一国政府在发展旅游业的过程中至少应履行立法、规划、协调和投资等四方面的职能。政府职能在发展旅游产业过程中，主要在遵循市场客观规律的前提下，科学立法、建章立制、规范市场、服务市场、引导市场，必要时宏观调控市场，提供必要的基础设施、保障等公共产品及服务，保障旅游产业的健康、稳定运行，做到与市场各司其职、各尽其责、合理分工。其具体体现为立法、规划、制定政策、完善公共性服务体系建设、协调、投资、引导、服务、宣传、监督管理等。[①]

政府旅游管理是一种宏观管理，如图 8－1 所示，它大体包括两个方面的内容：

一是对旅游活动的引导和管理，主要根据国民经济发展水平和社会发展的需要，对旅游活动制定促进或限制的政策，协调旅游活动与社会经济发展相适应。

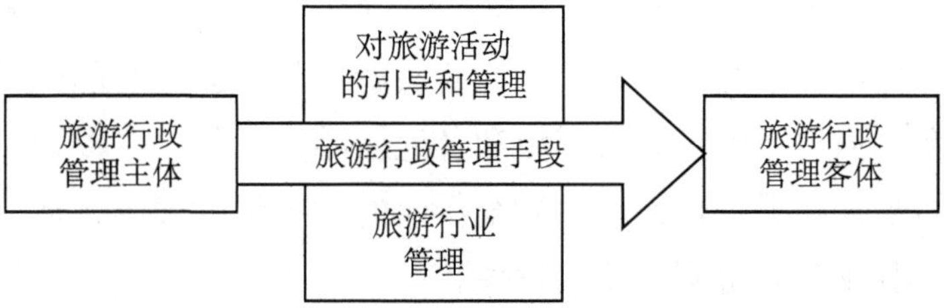

图 8－1 旅游行政管理关系

二是旅游行业管理。通过制定和颁布促进旅游业发展的各项政策、法规、规划和标准，控制旅游业发展总量，引导市场趋势，规范市场秩序，对旅游企业在旅游业务上进行指导和协调，在服务质量上进行监督和控制，在法规政策上给予保障和引导，在信息、人才、市场营销上提供服务和支持，对旅游服务企业进行间接的调控和管理。

(一) 制定旅游产业政策

旅游政策是国家和最高旅游行政组织为实现旅游发展的目的，根据一定时期内国家社会政治利益、经济发展的总体目标和旅游发展的具体情况，所制定的一系列措施和办法。旅游政策按制定的目的和级别，一般分为基本政策（如国务院制定的政策）和具体政策（如《导游人员管理条例》）。按对象分为经济政策、政治政策、外交政策、文化政策。按范围分为全国性政策、地方性政策、区域性政策等。按类别分为旅游产业结构和布局政策、旅游产业导向政策、旅游产业配套政策、旅游产业技术政策、旅游投资政策、旅游财政政策、旅游税收政策等。

---

① 叶红．论政府职能在推动旅游产业发展中的作用［J］．云南行政学院学报，2011（5）．

旅游产业政策应当是一套有利于旅游业发展的综合性的政策体系，反映出一个国家和地区的政府部门对旅游业发展采取什么样的主导思想和方式，起到对旅游业的导向和指针作用。旅游行政管理的主要任务之一就是要制定旅游产业政策。旅游产业政策必须同国家总体产业政策相融合，将国家的总体产业政策作为旅游产业政策的基础。同时，旅游产业政策还要结合旅游经济运行的特殊性，结合旅游业自身发展的规律和现状，不求其详但求其当，并具有一定的超前性。

（二）完善旅游法律法规

市场经济是法制经济，建立规范的法制体系是旅游业发展的基础和重要保障。旅游法规是指调整旅游活动领域中各种社会经济关系的法律规范的总称。它不是单一的法律或法规，而是一系列的法律规范；既包括国内法、国际法规范，也包括我国旅游业加入世界贸易组织的承诺和有关的国际惯例。旅游专业法是指有关旅游各个具体方面的法规。旅游专业法主要有：旅游企业方面的管理法规，如《旅行社条例》《旅游行政处罚办法》等；旅游资源的开发、利用和保护方面的法规，如《中华人民共和国文物保护法》《风景名胜区管理暂行条例》《旅游发展规划管理办法》等；旅游人才培训、管理方面的法规，如《导游人员管理条例》《关于进一步加强全国导游队伍建设的若干意见》等；旅游安全管理法规，如《旅游安全管理办法》《重大旅游安全事故处理程序试行办法》；等等。

建立健全各项旅游法律法规，并用其对旅游市场进行有效的调控，实施"依法治旅"是旅游行政管理的一项重要内容。旅游行政管理部门应当认真贯彻党的路线方针政策，积极促进旅游法律制定和完善各种旅游规章制度，用法律法规维护公平、公开、公正的旅游市场秩序和市场竞争环境，保护消费者和经营者的合法权益，促进旅游产业健康快速地发展。目前，关于旅游市场监管和品质保障的政策法规还很不完善，在较大程度上制约着旅游业的健康有序发展，需要深入研究、积极呼吁和努力推进。

采用法规手段，从旅游业发展的实际出发，通过制定并出台各种旅游行政规章、实施细则、行为准则或措施方案，对旅游市场、旅游服务质量、旅游经营行为、旅游内部外部关系、旅游权利义务进行规范和调整。

这是国家和地方旅游业朝着法律化、制度化、规范化方向发展的根本保证。

（三）旅游市场开拓与促销

旅游行政管理部门在旅游市场开发方面的任务是要深入研究客源市场发展变化规律，积极采取各种措施，不断扩大市场总量，将旅游市场做大搞活，并对各类型、各层次的旅游市场以及与旅游市场密切相关的活动进行有机整合，以形成旅游市场发展的系统效应和整体板块效应；加大旅游市场促销力度，创新旅游促销方式，拓展旅游销售渠道，全面树立旅游目的地总体形象。在开拓市场的同时，还应该对市场秩序进行有效的监督。旅游市场秩序是目前全社会关注的问题，涉及旅游消费者、旅游经营者、旅游目的地政府和旅游相关行业等各方面的利益。要通过有力的旅游市场监管和品质保障措施，建立良好的旅游市场秩序，营造良好的旅游发展环境和氛围。

（四）旅游人力资源开发与管理

随着我国经济的迅猛发展，我国已成为世界第一大出境国和全球第四大入境旅游接待国，且伴随带薪休假制度的逐步落实，基础设施条件的不断完善，旅游消费正得到快速释放，旅游行业对旅游人才的需求量越来越大；同时，对旅游人才的素质的要求也越来越高。因此，制定旅游人才建设整体规划、控制和调整旅游教育总体结构、强化旅游人才素质教育、加强旅游培训是政府旅游管理的重要内容。要建立四级旅游培训体系（国家、省、地市、企业四级）；抓好五大旅游人才建设，即导游人才、旅游师资队伍、旅游行政管理人才、紧缺人才、西部旅游开发建设人才建设；促进旅游人力资源开发制度的完善与规范，为旅游业的持续健康发展提供保证。

（五）旅游规划管理

国家旅游局在 2000 年 10 月 26 日发布施行的《旅游发展规划管理办法》中明确规定，国家旅游局负责全国的旅游发展规划的管理工作，并负责组织编制全国旅游发展规划、跨省级区域旅游发展规划和国家确定的重点旅游线路、旅游发展规划；地方各级旅游局负责组织编制本行政区域内的旅游发展规划及其旅游发展规划管理工作。因此，旅游规划的编制与管理一直是各级旅游行政部门的重要工作内容，同时，也是旅游业与相关行业协调发展、获得良好社会效益和环境效益的前提和依据。

（六）旅游服务质量管理

服务质量是旅游业的生命线，是旅游行业管理的中心，也是旅游行政管理的重要内容。加强旅游服务质量管理不仅可以提高旅游企业服务水平和旅游产品质量，还可以提高旅游行业的整体形象和增强对外竞争力，推动旅游行业管理的全面深化。旅游质量监督机构是旅游行政部门开展旅游服务质量管理的具体职能组织，在旅游服务质量管理当中起着重要作用，需要不断加强自身建设，积极改进提高，争取更大业绩。同时采取有效的旅游服务质量监控手段，强化旅游服务标准化管理和旅游服务质量评估制度等管理是提高旅游服务质量的重要方法。

（七）旅游市场秩序管理

旅游市场秩序是目前全社会关注的问题，它涉及旅游消费者、旅游经营者、旅游目的地的政府和旅游相关行业等各方面的利益。建立良好的旅游市场秩序，可以为旅游企业提供一个稳定公平的经营环境，为旅游者创造安全和谐的旅游环境，也是在国内外树立旅游行业良好形象和声誉，使旅游业持续、快速、健康发展的重要因素。因此，各级旅游部门按照国务院提出的“建立和完善全国统一、公平竞争、规范有序的市场体系”的要求，整顿和规范旅游市场秩序是政府旅游管理的重要内容。

（八）旅游信息与统计管理

旅游市场的信息繁杂，市场个体局限于自身视野和力量难以了解全貌。旅游行政管理部门作为社会公共管理机构，有责任对旅游市场的总体情况开展调查统计，向社会公开相关信息，为旅游经营者和旅游消费者的市场活动提供参考依据，推进旅游市场的完善和发展。当旅游服务提供当中的个别事件因为某些原因成为社会关注焦点时，旅游行政管理部门也要履行公共管理职责，及时调查有关情况，公布事实真相，提供信息咨询。特别是关于市场监管和品质保障的有关事件，一定要按照有关法律法规做出恰当处置，必要时应进行公布和说明。

（九）旅游企业管理

旅游管理部门对旅游企业的管理并非指对旅游企业进行直接管理，主要是在行业指导层面上综合运用行政、法律、经济等方法，对各类旅游企业进行分类指导、宏观调控，使旅游企业能够按照旅游市场的要求安排经营管理活动，以法律为准绳规范自己的行为。政府旅游管理部门对旅游企业的管理主要是促进现代旅游企业制度的建立、加强对旅行社管理、旅游设施管理、旅游交通管理、旅游三区管理（国家旅游度假区、旅游扶贫示范区、生态旅游区）、旅游购物管理、旅游娱乐管理和旅游信息网站管理。

三、旅游管理的问题及措施

近年来，我国旅游业处于高速扩展的发展状态中，在取得巨大成绩的同时，在管理方面也存在许多亟须解决的问题。

（一）旅游管理存在的问题

1. 发展方式粗放

主要表现为开发建设水平落后，资源综合利用效率低，经济效益、社会效益和生态效益融合度还比较弱。在各类资源的开发利用上，存在资源保护与利用的冲突，不注重合理规划，虽然取得了一时的经济效益，但同时也使旅游资源遭到了毁灭性的破坏，严重制约了旅游业的可持续发展。而一些地方旅游资源开发较缓慢，满足于“老天爷”“老祖宗”留下的固有资源，对旅游资源尤其是资源文化内涵缺乏深层次挖掘和包装，旅游产品单一、老化，缺少一批文化品位高、参与性强、吸引力大的拳头产品。市场上仍以观光型旅游产品为主，休闲娱乐、健康养生项目发展滞后。同时，旅游产品的雷同造成了大量旅游资源的浪费，如由于人造主题公园的雷同已经造成不少主题公园门可罗雀、举步维艰。

2. 产品供给不足

主要表现为旅游产品总量不足，旅游供给和人民群众不断扩大的旅游消费需求不相适应。当前我国旅游业发展的一个基本态势是旅游需求远远大于旅游供给，呈现明显的结构性短缺。大众旅游需要大众化产品，当前大众消费的热点正由观光旅游向观光与休闲度假并重转变，消费方式灵活多变。但长期以来，我国的旅游产品以观光景区为主，旅游消费品品种单调、质量不高，远不能满足大众休闲的需要。黄金周期间的拥堵就凸显了这一结构性短缺，需要在产品体系建设上加大投入力度。

目前，我国旅游市场正快速与国际接轨，但在产品开发、宣传促销、旅游接待上明显不适应市场需要，因此造成了产品供应与市场需求的明显脱节，使旅游资源的开发还不能完全适应市场发展趋势。从总体来看，我国旅游产品和市场开发还处于初级阶段，开发思路以观光型为主导，普遍追求大流量的旅游接待，旅游产品粗糙的多、精细的少，资源型的多、文化提升型的少，产品供给职能满足初级化、大众化市场，个性化、舒适性明显不足。当前，旅游产品供给水平不高已经成为我国旅游产业提升的重要制约因素。

3. 管理体制不顺

旅游业发展的体制机制还不适应产业化、国际化、市场化的要求；行政体制在产业政策、资源开发等方面互相掣肘，市场在资源配置中的基础性作用依然受到制约。长期以来，旅游景区、景点的隶属关系归属于多个部门，多头管理、各自为战的现象较为突出。涉及旅游的“吃、住、行、游、购、娱”六大要素中，旅游行政主管部门只能管理旅行社及星级宾馆饭店，餐饮主要由卫生部门管理，旅游运输主要由交通部门管理，景区（点）的管理部门有文化、园林、建设等部门，购物场所的管理则涉及工商、质监等部门。这种条块分割，导致旅游行政部门在管理中往往出现旅游执法主体缺失或执法执行难等现象，造成旅游要素难以整合，整体功能不能有效发挥，从而影响和制约了旅游业的发展。

4. 高素质旅游人才匮乏

当前，我国旅游业发展中面临的人才问题主要来自于两方面。一方面，导游人数不足、高级导游匮乏、特级导游更少；另一方面，由于一些新兴旅游产业如工业旅游、生态旅游等的迅速崛起，对专门旅游人才的需求加大，而这些新领域的从业人员大多数属转岗型，尚未接受过专业培训，接待讲解工作不够规范。旅游从业队伍的这种状况与我国旅游业快速发展的局面很不相称，致使成为旅游产业发展的薄弱环节。

5. 旅游法律法规不健全

《关于贯彻党的十八届四中全会精神全面推进依法治旅、依法兴旅的意见》中指出，要实现旅游业“成为国民经济的战略性支柱产业和人民群众更加满意的现代服务业”的战略目标，就必须依法兴旅、依法治旅，以旅游法治建设的不断完善促进旅游业的健康持续发展。然而，我国的旅游法治体系还不够健全，现有的法规在实际应用中还存在需进一步充实和完善的方面。一是实用性不强，不够具体。例如，旅游安全事故的处理及其赔付标准等问题尚未明确的表述，在实际工作中也缺乏操作依据。二是适用范围较窄。例如，在旅游过程中，涉及航空、旅游景区（点）、酒店、餐厅等出现的许多问题，旅游行政管理部门无法实施有效的监管。三是制约力度较小。例如，在旅游过程中涉及的航空、道路交通、宗教等方面的问题，无法依据现有的旅游法规来实施管理。四是缺乏配套法律法规。例如，《旅游法》修改后，取消了“领队资格”行政许可，实际上加重了旅行社对其员工的管理职责，因此《旅行社条例》《中国公民出国旅游管理办法》《出境旅游领队人员管理办法》等相关的配套法律法规也应及时跟进，及时做出相应修改。

（二）旅游管理应采取的措施

我国政府旅游管理主要应采取和强化如下措施。

1. 加快旅游基础设施建设，提高旅游服务水平

在加快旅游基础设施建设方面，重点建设旅游道路、景区停车场、游客服务中心、旅游安全以及资源环境保护等基础设施。大力推进“厕所革命”，重点抓好乡村旅游厕所整体改造。要加强资金调配，协调项目资金、用地、用水、用电等问题，保障旅游厕所的新建改建顺利开展，2017 年

最终实现旅游景区、旅游线路沿线、交通集散点、旅游餐馆、旅游娱乐场所、休闲步行区等的厕所全部达到三星级标准。加强旅游交通建设，推进重要交通干线连接景区的道路建设，推进乡村旅游特别是旅游扶贫重点村旅游公路建设。规划建设水路客运码头要充分考虑旅游业发展需求。加快推进中西部支线机场建设，完善旅游航线网络。加快景区景点、机场车站、乡村旅游点等重点涉旅区域无线网络覆盖。加强旅游集散中心建设。

以游客满意度为基准，以人性化服务为方向，提升从业人员服务意识和服务水平。以品牌化为导向，鼓励专业化旅游管理公司推进品牌连锁，促进旅游服务创新。以标准化为手段，提升餐饮业发展品质，推动住宿业结构优化和服务的提升。以信息化为主要途径，提高旅游服务效率。积极开展旅游网络营销、在线预订、智能导游、电子讲解、信息推送等，充分利用社会资源构建旅游数据中心、呼叫中心，全面提升旅游企业、景区和重点旅游城市的旅游信息化服务水平。

提高旅游服务水平还必须注重体现文化和特色，这是提高旅游产品品质和档次的关键，缺乏文化的旅游产品只能暂时供给低端市场，而不可能有长期的市场竞争力，不仅旅游景区要体现特色，避免粗放性和雷同化，旅游住宿要体现旅游、度假、商务、会议等不同用途，在旅游线路设计上也要推陈出新、百花齐放，更好地适应不同客源层次的需求。

2. 增强旅游发展动力，拓展旅游发展空间

创新发展理念，转变发展思路，加快由景点旅游发展模式向全域旅游发展模式转变，在“十三五”期间创建500个左右“全域旅游示范区”。适应旅游市场日益扩大和旅游消费需求日益大众化和多元化的发展趋势，扩大旅游新供给，完善旅游产品结构，开发适应旅游需求的新产品、新业态，创新旅游产品体系。实施“旅游＋”发展战略，推动旅游与城镇化、新型工业化、农业现代化和现代服务业的融合发展，大力发展生态游、休闲游、旅游养老、中医药健康旅游、会展旅游、体育旅游、商务游等旅游新业态。实施乡村旅游扶贫工程，大力发展乡村旅游；发展红色旅游，推动老区振兴和精准脱贫；实施“互联网＋旅游”行动计划，推动在线旅游市场的产业链纵向融合，探索建立国家智慧旅游城市、智慧旅游景区、智慧旅游乡村等。

3. 完善旅游发展政策，加强旅游法制建设

加大政府投入和金融支持。地方各级政府要加大对旅游基础设施建设的投入。各级财政要加大对旅游宣传推广、人才培训、公共服务的支持力度。重点支持中西部地区重点景区、乡村旅游、红色旅游、集中连片特困地区生态旅游等的基础设施和生态保护设施建设。安排中央财政促进服务业发展、中小企业、新农村建设、扶贫开发以及节能减排等专项资金时，要对符合条件的旅游企业和项目给予支持。

加大金融支持，支持符合条件的旅游企业上市。对符合旅游市场准入条件和信贷原则的旅游企业和旅游项目，要加大多种形式的融资授信支持，加大对小型微型旅游企业和乡村旅游的信贷支持。拓宽旅游企业融资渠道，加强债券市场对旅游企业的支持力度。

改革完善旅游用地管理制度。编制和调整城市总体规划、土地利用规划、海洋功能区划、基础设施规划、村镇规划要充分考虑旅游业发展需要。加强《国民旅游休闲纲要》宣传。落实带薪休假制度，鼓励单位引导职工灵活安排休假时间。有条件的地方和单位可根据实际情况，依法优化调整夏季作息安排，为职工周五下午与周末结合外出休闲度假创造有利条件。① 加强法治建设，抓紧健全旅游法规体系，加强旅游执法队伍建设。

4. 加强旅游市场监管，推进行业诚信建设

健全旅游监管体系，完善旅游质量监管机构，加强旅游服务质量监督管理和旅游投诉处理。落实地方政府、经营主体、相关部门的监管责任，旅游、工商、公安、商务、卫生、质检、价格等部门要加强联合执法，开展打击非法从事旅游经营活动，加大对旅游市场上“不合理低价游”、强迫或变相强迫消费等欺诈行为的打击力度，以维护游客合法权益。加强旅游诚信体系建设，开展诚信旅游创建活动，制定旅游从业人员诚信服务准则，建立旅行社、旅游购物店信用等级制度，引导旅游经营者和从业人员自觉遵守法律规定与市场规则，规范经营行为、履约行为、服务行为。切实加强旅游景区管理，强化A级景区复核和退出机制，实现高等级景区退出机制常态化。发挥旅游行业协会的作用，提高行业自律水平，促进旅

① 关于进一步促进旅游投资和消费的若干意见．

游业健康长远发展。

5. 抓好人才队伍建设，提升从业人员素质

对乡村旅游、红色旅游、工业旅游等新业态从业人员培训。加强旅游学科体系建设，优化专业设置，大力发展旅游职业教育。推动导游管理体制改革，建立健全导游评价制度，落实导游薪酬和社会保险制度。建立完善旅游人才评价制度，培育职业经理人市场。同时也要加强旅游志愿者队伍的建设。

案例 7

从旅游管理到产业服务的延安变革①

近年来，延安市委、市政府一直高度重视发展文化旅游产业，市四次党代会进一步明确了延安作为“中国革命圣地、历史文化名城、优秀旅游城市”的城市定位，确立了“统筹城乡，富民强市；引水兴工，产业转型；中疏外扩，上山建城；文化引领，旅游带动”的发展战略，描绘出了建设“圣地延安、生态延安、幸福延安”的美好蓝图，也为延安文化旅游产业的发展指明了方向，带来了新的发展机遇。

以三大举措助推旅游产业服务

延安市旅游局局长马东波介绍，旅游业是综合性产业，是现代服务业的重要组成部分，是拉动经济发展的重要动力，在扩内需、稳增长、增就业、减贫困、惠民生中具有独特作用。

新的一年，延安市旅游局将以三大举措助推旅游产业服务。

一是抓住红色旅游品牌这条主线，挖掘红色文化内涵，创新展示、体验和参与互动方式，加强红色导游员和讲解员队伍建设，加强主题活动策划，推进区域合作，推出“奔向延安”“转战陕北”“走向胜利”“教育培训”等红色旅游主题线路，把全市红色旅游发展推上新的水平。

二是全域旅游是转型升级的根本途径，要改变单纯建景区、修宾馆的传统模式，推动资源、资金、政策、服务等围绕旅游业聚集和布局，从供

---

① 从旅游管理到产业服务的延安变革［N］. 中国旅游报，2017-1-24，第 A01 版.

给侧改革整体提升延安的旅游品质，让人感到“一山一景总关情、一馆一物都入心”的感受。

三是要积极适应新形势新变化，将旅游业发展与现代科技革命特别是互联网技术紧密结合起来，加快探索旅游“大产业、大市场”发展路径，加快推进旅游产业与其他相关产业的深度融合，用好“互联网”智慧旅游这个平台，创新旅游产业管理、服务和跨区域合作体制，建立旅游业创新创业创意创客激励机制，大力推动旅游信息化发展，依靠技术创新和体制机制创新推动旅游业发展模式变革、发展方式调整和发展手段创新，让游客年年来，年年新，年年都有新产品。

以品牌建设实现旅游产业跨越

延安旅游业从 1996 年起步。多年来，延安实施“精品名牌”战略，形成了一批经典旅游产品和以“红色观光游”“延安精神体验游”等为主题的多条红色精品旅游线路，形成了以“两黄两圣”为特色，以黄陵—延安—壶口“三点一环”为主体的红色游、祭祖游、壶口游。延安已成为陕西省乃至全国颇具影响力和市场竞争力的品牌旅游地。

在旅游产品建设方面，走“精品出绝品，精品促普品”的良性循环发展之路，通过品牌策划、品牌打造、品牌营销、积极培育国家级品牌的旅游产品，形成绝品、极品、精品和优质产品的品牌体系，推动延安旅游产品结构调整步伐。推广“全国红色旅游首选地”游，着力推广延安党性锤炼教育基地、青年成长教育基地的品牌。

推广“全球炎黄子孙的朝圣地”，推出“我是中国龙”主题活动，吸引全球炎黄子孙到龙乡来寻根祭祖祈福红运。推广“黄河自然遗产的观赏体验地”，主推黄河壶口瀑布、黄河乾坤湾景区，喜迎游客来延安“扭转乾坤行好运，观瀑听涛酬壮志”。推出黄土风情文化体验游，将延安的民间艺术推向世界，吸引海外游客来领略黄土风情文化。

管理体制为旅游业发展保驾护航

延安市旅游局要求，要充分发挥旅游产业开发领导小组的综合协调和监督作用。延安市旅游产业开发领导小组各成员单位结合各自实际，制订加快旅游产业发展的方案和措施，涉及旅游管理的各个部门要根据全市旅游产业发展的要求，研究、制定各自涉及旅游管理上的分工、职能和权限，要认真落实支持、服务、参与旅游发展的责任制；凡涉及各个行政主管部门的旅游管理问题和发展问题，都由旅游产业开发领导小组办公室（市旅游局）组织协调，监督落实。

旅游业必须坚持发展与管理并重的方针，各级政府和旅游行业管理部门要树立管理上水平、管理出效益的观念，强化管理，为旅游业营造良好的发展环境。要建立和完善旅游行业协会等社会中介组织的职能，更好地发挥桥梁和纽带作用。要深入企业做好调研，推动行规行约的落实，积极开展行业服务、行业自律、行业协调等工作。

行业管理部门要以“整顿秩序”和“促进发展”为目标，认真贯彻落实市政府颁布的各项规章制度，充分发挥旅游质监所和旅游执法监察大队的市场监管职能，与公安、工商、物价、卫生等部门密切配合，形成合力，不断加大对各种违规违纪行为的打击力度，实现旅游市场秩序的持续好转。在强化旅游专业执法的基础上，着力研究治本之策，建立联合执法的长效机制，通过长效管理，长抓不懈，从根本上解决旅游市场秩序问题，以保证旅游业快速健康发展。

进一步理顺景区管理体制，实行政企分开、事企分开，所有权和经营权分离。外聘经营管理人才，在经营机制上大胆尝试强强联合，吸纳重点景区，特别是国有的单位成立自有的旅游开发公司，独立经营并加入旅游集团公司，进一步加快景区管理体制改革步伐。

陕西省旅游局局长杨忠武认为，要立足“延安是世界的延安、延安是全国的延安”，切实增强发展旅游产业的责任感和使命感，不断加强旅游产品开发、城市建设与管理、提升服务水平等各项工作，努力营造一个发展大旅游的良好环境。要以项目建设为载体，加强旅游产品开发建设，做好旅游纪念品的提挡升级，满足游客需求。要以游客满意度为标准，进一步提升旅游行业管理和服务水平，加快推进延安旅游业发展。

第二节 节庆管理

节庆是地方政府和人民群众为适应生产生活需要而形成的约定俗成、

具有纪念和庆祝等特殊意蕴的一种文化活动。节庆活动是周期性、自发或有组织的、以特定主题进行活动的文化模式，它是具有地方特色和群众基础的一种社会活动。通过举办节庆活动，对于继承和弘扬中华优秀传统文化、丰富人民群众文化生活、促进地方经济社会发展等起到重要作用。

一、节庆活动的分类及作用

（一）节庆活动的分类

节庆活动的种类繁多，按照文化特征大致划分为政治类节庆活动、传统民俗节庆活动、传统的地方性民俗文化节庆活动和地方特色文化节庆活动。

1. 政治类节庆活动

政治类节庆活动是社会发展到一定阶段的产物，往往具有很强的地域特征和浓厚的政治色彩，具有较强的国家意识和民族认同感。各国虽都有自己的传统节庆，但也毫无例外地都有着政治类的节庆活动，如国庆节，各国国庆虽时间、地点、特色均不相同，作为国家重要的政治类节庆，各国无一例外地会举行形式各不相同的庆典活动，以巩固政治合法性为目的，从政治高度来强化民众的价值认同，深化国民情感，激发爱国主义情怀。按照举行的时间划分，这类节庆活动主要分为固定日期及非固定日期两种。

（1）按照固定日期举行的节庆活动。该类节庆在每年特定的时间点进行，一般是为了纪念某个重要历史事件或人物而举行，因此，具有很强的纪念意义。这类节庆活动时间相对比较固定，以“年”为单位，按公历日期计算，周期性地举行。例如，三八妇女节、五一国际劳动节、十一国庆节、五四青年节、七一建党节、八一建军节等政治类节庆都是按照固定时间点，以周期性方式每年举行相应庆祝活动。

（2）非固定日期举行的政治类节庆活动。非固定日期举行的政治类节庆活动并非是无规律可循，它是指那些不按照每年特定时间，而是按照逢五周年、逢十周年的倍数年份而举行的节庆纪念活动。这类纪念活动针对重要历史事件或重要历史人物而进行。近年来，我国举办了不少逢五逢十的政治类节庆纪念活动，其中最重要的当属2015年为纪念中国人民抗日战争暨世界反法西斯战争胜利70周年举办的"9·3阅兵式"。类似这种节庆活动的举办，不仅让人们深刻了解了历史，更极大地增强了国人的爱国主义情感和民族自信心，还加强了民族凝聚力和向心力。

2. 传统民俗节庆活动

我国传统民俗节庆活动的自然特征十分明显，节庆最初起源于农耕时代的时令变化。按照古代历法，一年划分为12个月、二十四节气、72候，约365天，"古人立国，以测天为急"，传统民俗节庆的设置也大多依照二十四节气划分，如春节、清明、端午、中秋，这四大传统节日都有对应的农历时节，如春节伴随着立春、端午紧跟着夏至、中秋接踵于秋分等，也许正是这自然时节与人文社会之间的协调才使这些古老又传统的节庆代代相传、生生不息，也成为中华民族繁衍生息之文化根基、精神助力。然而，随着全球化浪潮的袭来，信息化、网络化的广泛普及，大众文化、消费文化以"新、奇、乐"的方式渗透进了寻常百姓的日常生活，刺激着物质消费的不断上升，传统民俗文化的概念不断模糊。随着春节、清明、端午、中秋四大传统民俗节庆被列为法定节假日，传统民俗节庆的文化传承在一定程度上得到了法律保障。2016年，中共中央办公厅、国务院办公厅又印发了《关于实施中华优秀传统文化传承发展工程的意见》，要求"实施中国传统节日振兴工程，丰富春节、元宵、清明、端午、七夕、中秋、重阳等传统节日文化内涵"，体现出了对传统民俗节庆的传承与发展、对中华优秀传统文化的高度重视与保护。

3. 传统的地方性民俗文化节庆活动

传统的地方性民俗文化节庆活动指的是具有鲜明地方特色和民族特色、地域性很强的传统民俗节庆活动，尤其指各少数民族的传统民俗文化节庆。这类民俗节庆活动往往主题鲜明、形式多样、内容丰富，包含宗教、时令、文化、艺术、社交等多个种类和内容，是民族性格、民族心理以及民族生存形态的有效展示。如西藏的雪顿节、傣族的泼水节、彝族的火把节、蒙古族的那达慕、回族和维吾尔族的古尔邦节等。

4. 地方特色文化节庆活动

地方特色文化节庆活动主要指的是借助本地区特色优势资源，如历史文化、民风民俗、风景名胜、遗址古迹、自然资源等举办的节庆活动。这类节庆活动不仅是提高了城市知名度，还通过吸引公众注意力，建立了对外联系沟通平台，招商引资，以拉动当地经济发展。自 20 世纪 90 年代起，此类节庆开始受到各地政府重视而频繁举办。我国近年来举办的较为成功的品牌经典节庆活动主要有敦煌行·丝绸之路国际旅游节、青岛国际啤酒节、哈尔滨国际冰雪节等。

（二）节庆活动的作用

节庆活动的作用主要有以下四个方面。

1. 挖掘本土特色，打造城市文化品牌

挖掘、开发和利用地方文化资源，开展有特色的地方节庆活动，不仅有利于满足社会成员的精神文化需求，也有利于提升城市知名度，对树立城市文化品牌形象也有着极为重要的作用。特色节庆活动是一个城市或地区的文化“名片”，具有很强的广告效应。城市文化品牌和知名度随着节庆活动持续创新而不断提高，地方无形资产在节庆活动过程中得以积累和增值，城市文化内涵也得以丰富。世界上，如西班牙奔牛节源自其古老的斗牛文化、德国慕尼黑啤酒节源自于传统精湛的啤酒制造工艺等，这些颇有名气的节日均借助自身所特有的文化资源，持续创新地将节庆活动打造成妇孺皆知的城市“名片”。国内，每年孔子诞辰 9 月 28 日，在山东曲阜都会举行集纪念活动、文化活动、旅游活动、学术活动、科经贸活动于一体的大型国际性节庆活动——中国曲阜孔子文化节。迄今为止，已经举办了 32 届，被国家旅游局确定为国家级“中国旅游节庆精选”之一，作为一项旅游拳头产品向国际旅游市场推销。其浓郁的儒家文化特色、丰富多彩的旅游活动，吸引了大批海内外游客，形成了自己独特的魅力，在海内外也产生了广泛而深刻的影响。

2. 弘扬传统文化，保护非物质文化遗产

非物质文化遗产是以人为本的活态文化遗产，它强调的是以人为核心的技艺、经验、精神，其特点是活态流变。如今，除了一些节庆类的非物质文化遗产外，不少技艺类的“非遗”已经成为不少地方节庆活动的主

题，如山东潍坊风筝节、河北吴桥杂技节、哈尔滨冰雕节等都是将本地特色的“非遗”有效利用，从而在周而复始的节庆中，保护了非物质文化遗产，弘扬了优秀传统文化。

3. 推动地方经济发展

节庆活动蕴含着巨大的经济效益和社会效益，它能够带来巨大的投融资并拉动当地的消费。近年来，节庆的最突出功能即是推动经济发展，已成为地方经济发展的一个重要的助推器。例如，2015 年大连市举办的国际沙滩文化节，接待了游客 265 万人次，实现了旅游综合收入 8 亿元①；而德国慕尼黑啤酒节，更是每年吸引着大约 600 万人参节，为慕尼黑带来约 8.3 亿欧元的收入。

节庆活动为地方经济的发展提供了潜在的机遇。成功的节庆活动在策划、推介、运行过程当中为经济发展提供了一个平台，人脉、商机共存，成为一个地区经济不可多得的发展机遇。节庆是聚集人脉的平台，在隆重而喜庆的节庆活动中，本地政府、企业、商家广结四海朋友，这种良好的人脉网络成为经济发展的潜力。节庆活动是商机平台，有实力的国内外企业、商家往往在参与节庆，体味历史人文、风土人情的同时，也考察本地投资环境和运营条件，从而做出适合投资的决策。节庆活动的举办吸引大批海内外游客参与，刺激了当地的旅游、酒店、住宿、餐饮、娱乐、购物、通信等行业的发展，也刺激了相关服务行业的消费需求，对其他产业产生了联动辐射作用，更促进了地方经济的发展。

4. 促进地方社会发展

地方政府举办节庆活动的目的，在于短时间内以节庆为载体，通过媒体的集中宣传，达到迅速扩大地方知名度，形成地方品牌，促进、完善和重塑城市形象的功能，不仅改善了环境，解决了就业问题，提高了城市的文明开放程度，也唤起了民众对于居住环境、社会秩序、民族文化、地域文化保护等的自觉意识；不仅保护了传统文化传承，也使得人民群众的精神文化需求得到相应满足，人民群众的文化素质不断得到提高。举办一个节庆文化活动，对地方的公共交通、环境绿化、卫生设

---

① 李枝宏．国际沙滩文化节实现旅游综合收入 8 亿元［J］．大连日报，2015（1）．

施、社会治安、公共设施及服务水平等都有相应的标准和要求，地方软硬件设施的建设和完善，有助于树立良好的地方文化品牌形象，以促进地方社会发展。

二、节庆管理的问题及措施

作为重要的文化产业门类，节庆在经济社会发展中占有重要位置。近年来，随着各地兴办节庆活动，节庆业得到了持续快速发展，但同时也带来了不少问题。

（一）节庆管理存在的问题

1. 行政干预过多，官办节庆问题突出

目前，我国地方节庆活动种类繁多、层出不穷，但能够体现地方特色、形成可持续性的节庆品牌却寥寥无几。不少地方政府为吸引游客，花费巨资举行大型的开幕式，在热闹的开幕式之后，具体的节庆内容既单薄又冷清，既浪费了资源又增加了百姓负担。

2. “洋节日”蔚然成风，传统节日遭冷落

近年来，由于商家的各种借机造势，情人节、万圣节以及带有浓郁宗教色彩的平安夜、圣诞节等“洋节日”越来越受到中国年轻人的追捧，在国内大行其道。相比之下，传统节日则因为其形式单一、内容乏味、内涵没有深刻挖掘的原因而受到冷落。缺乏具有中国特色、中国风格、中国气派的过节方式，不利于增强中华民族的文化自觉与文化自信。

3. 群众参与率低，供需错位与资源浪费问题严重

节庆活动的持续性发展离不开群众的广泛参与，群众的广泛参与是节庆活动的生存根基。然而，当前我国不少地方的节庆活动或是以观赏性内容为主，很少有群众参与其内容；且不少地方节庆活动盲目跟风、雷同复制的问题十分严重，资源严重浪费，且不具有可持续性。各地昙花一现的旅游节庆不在少数，不少地方的节庆举办了一两次后便销声匿迹了，群众参与率普遍较低，群众的精神文化需求依旧得不到满足。

（二）节庆管理的措施

如何提高节庆管理水平，使节庆活动更好地发挥经济和社会效益成为各级政府面临的新问题。

1. 明确政府职责，鼓励社会参与

建立起政府引导、社会参与、市场运行的机制。一是国家文化行政主管部门、省、市、县、乡镇五级政府应明确节庆管理职能分工和权力范围。国家文化行政主管部门应建立统一的节庆活动管理归口，对全国各地的节庆活动进行统筹规划，各级政府相关部门需明确各自在节庆管理中的职能和作用，科学进行节庆管理活动。二是引入经营观念，强化市场化运作，扶持和发挥节庆中介机构在市场协调、行业自律等方面的作用，促进政府与企业之间的协调与服务，协商解决涉及节庆产业发展的有关问题；发挥节庆中介机构的调研、咨询、推广等职能，使之对节庆活动健康、有序、可持续发展发挥应有作用。三是在政府引导下，充分发挥市场经济规律的作用，积极鼓励社会力量参与，通过市场化运作，将行业协会组织、企业、民间组织等多种社会力量凝聚在一起，“合力”办节。政府要淡化在节庆管理中的主办意识，适度帮办，而非包办。推动节庆活动重心逐步向市场化运作转变，最终实现政府引导、社会参与、市场化运作的办节模式。

2. 加强宏观管理，完善制度保障

首先，要提高制度供给能力，加强有关节庆管理的政策制定和制度供给力度，依靠政策、法规，通过行政的、法治的、经济的手段加强宏观管理。一要探索和强化立法途径，切实推进节庆管理性法规、赋权性法规、控权性法规的建设。中共中央办公厅和国务院办公厅颁布的《节庆活动管理办法（试行）》（中办发〔2012〕18号）和全国清理和规范庆典研讨会论坛活动工作领导小组印发的《节庆活动管理办法实施细则》（国清组发〔2015〕1号）对以公祭、旅游、历史文化、特色物产、机关单位成立、行政区划变更、工程奠基或者竣工等名义举办的各类节会、庆典活动进行了规范，并规定各级党政机关原则上不再举办新的各类节庆活动。如确实需要举办的，应按程序从严审批。二要加强政策引导。中共中央办公厅、国务院办公厅于 2017 年 1 月 26 日印发的《关于实施中华优秀传统文化传承发展工程的意见》中指出，要深入开展“我们的节日”主题活动，实施中国传统节日振兴工程，丰富春节、元宵、清明、端午、七夕、中秋、重阳等传统节日文化内涵，形成新的节日习俗。各级政府要通过各种渠道和媒体广泛宣传，营造传统节日文化氛围，并制定便民惠民措施，使更多的年轻人感受中华传统节日民俗的魅力。

其次，节庆管理性法规应由政府组织实施，经过实践检验，再交人大上升为法律；赋权性法规要对公民享有的基本文化权益内容和方式做出明确规定，赋权于民，维权在民，有效实施，监督评价；控权性法规要明确节庆活动推动方职能、参与方职责、享受方权利。节庆管理政策立法要加强科学论证和可行性研究，制定社会公示制度和社会听证制度，组织听政、议政、民意调查、专家咨询等活动；也可通过互联网举行网络听政，公开政府制定政策的过程，增强节庆服务决策的科学性和有效性，以保障人民群众的参与率。

3. 突出地方特色，加强内容创新

特色是节庆活动的灵魂。突出节庆活动特色不仅需要借依本地文化、旅游、人文、历史等特色资源，更需要将传统文化与现代文明交汇创新，形成具有影响力的品牌节庆活动。一是深挖传统文化内涵，创新表现形式。要注重开发和利用乡土文化资源，培育和扶持乡村文化骨干，还要注重传统节庆与乡村旅游的有机融合。二是突出本土文化特色。越具有鲜明特色和个性就越具有特质和潜能，节庆活动的影响力也就越大。三是打造一批具有知识性、趣味性、参与性的节目，与当地特色相结合的，适合本地群众与游客共同参与的，使其形成自己独特的风格和魅力，形成优秀的品牌节庆。四是运用市场机制和政府采购的方式，鼓励社会力量参与，将一些有影响力的品牌节目或活动引进节庆活动中，丰富节庆活动内容。五是延长节庆活动链，在举办节庆活动的同时，可以设计图书、音像、纪念品、服装、地方文化产品、主题公园等一系列相关的节庆项目，提高产品附加值，延伸节庆产业链。

4. 增强统筹协调，合理配置资源

建立节庆资源统筹协调机制。建立中共中央与地方的节庆统筹机制，调节配置东、中、西部各区域之间以及城乡之间的优秀文化资源，鼓励各地政府购买或部分购买极具特色的节庆演出产品的方式，将全国大中城市的品牌驻演剧目、文化活动等进行异地交流。有计划地引进国外优秀演艺剧目和主题展览，有目的地进行区域间联合举办节庆活动，并开展区域节庆活动联动机制。一是在各地之间、不同种类之间进行节庆合作和交流，如跨地区、跨行业进行节庆资源和演出剧目的巡展。二是搭建国际性节庆活动推广平台，推动我国有实力的节庆活动“走出去”，并开展大规模、高规格、多元化和经常性的节庆文化交流活动，例如“欢乐春节”品牌活动、“一带一路”文化交流等，通过节庆活动与对外文化工作相结合的方式，促进国与国之间的文化交流。三是保留那些能够推动地方经济发展、具有地方特色、市场前景和人文价值的节庆活动，取消粗糙、低质、资源消耗大、运营成本高的节庆活动，避免重复利用、配置不合理等资源浪费。

5. 鼓励公众参与，满足个性需求

节庆活动的兴盛与否，关键在于其形式和内涵是否能够满足社会公众需求，因此，是否有较高的社会公众参与度成为考量一个节庆成功与否的重要标准之一。鼓励社会公众参与节庆活动，不但要丰富节庆活动的内容与形式，更要满足其个性需求，以增强节庆生命力。应着重增强体验性节庆活动内容，吸引公众亲身感受节庆活动带来的趣味和乐趣，以增强对节庆文化的认知和理解。

6. 创新监督模式，完善监督机制

对节庆管理的监督不单单只依靠法律的和政府的自我监督和约束，还需要依靠来自于新闻媒体和公众舆论的监督。同时，也需要借靠来自于社会力量和市场力量进行监督。要严格按照《节庆活动管理办法（试行）》，对节庆活动审批权限、审批原则、审批程序、经费管理、监督检查等多个重点环节进行规范管理，并实施全程监督，建立有效节庆活动监督机制，预防政府滥用职权，确保项目建设优质高效。

思考题

1. 我国旅游管理主要包括哪些内容?

2. 分析我国旅游法制建设现状，并提出改进措施。

3. 分析我国节庆管理现状和问题并提出进一步完善的途径。

参考书目

1. 黄先开．旅游管理论丛［M］．北京：中国经济出版社，2014.

2. 李海峰．旅游政策与法规［M］．北京：清华大学出版社，2015.

3. 谢新丽．旅游节庆活动策划与管理［M］．北京：中国旅游出版社，2016.

后 记

《政府文化管理》由艾思同、李荣菊、张芹玲、池志勇担任主编。沈伟鹏（国家行政学院）、高玉敏（河北行政学院）撰写修订第一章，李荣菊、刘琳（河北行政学院）撰写修订第二章，李荣菊、池志勇（河北行政学院）撰写修订第三章，高宏存（国家行政学院）、李荣菊（河北行政学院）撰写修订第四章，高宏存（国家行政学院）、张芹玲（山东行政学院）撰写修订第五章，程萍（国家行政学院）、纪芬叶（河北行政学院）、吴凯之（安徽行政学院）撰写修订第六章，张文珍（山东省委党校）撰写修订第七章，李荣菊、马亚敏（河北行政学院）等撰写修订第八章。

在本书修订过程中，国家行政学院相关教研部门专家学者和出版社领导同志及工作人员进行了审读把关与组织协调工作。本书责任编辑吴蔚然同志做了细致的编校、方案设计与统筹工作。在此，谨对所有给予本书帮助和支持的单位和同志表示衷心的感谢。

书中如有疏漏和不当之处，欢迎广大读者多提宝贵意见。

编者

2017 年 6 月